やさしく学ぶ教育原理

佐々木司・熊井将太
〔編著〕

ミネルヴァ書房

はしがき

2017（平成29）年３月に新しい学習指導要領が公示された。およそ10年に一度改訂される学習指導要領は，国レベルでの教育の大きな方向性を定めるものであり，学校教員に限らず，私たち皆にとっても大きな関心事となる。読者のなかにはすでに「アクティブ・ラーニング」「小学校英語教育」「プログラミング教育」など，新しい動向に期待や不安をもっている人もいるかもしれない。

世の中には，政治，経済，宗教，科学などさまざまな社会的なテーマがあるが，そのなかでも特に教育は，誰もが関心をもち，誰もが「評論家」になることができるテーマである。なぜならば，恐らく誰もが，これまで教育を受けたり，与えたりしてきた経験者であり，当事者だからである。家庭でのしつけ，これまでの小・中・高等学校での経験，部活動やアルバイトでの（被）指導，子育てなど，誰もが自分なりの「教育論」をもっていて，あるべき教育の姿への意見を申すことができるだろう。しかも現在は，インターネットの発達によって，ブログ，SNS，ニュースサイトのコメント欄などで，自分の「教育論」を自由に主張し，現在の教育の姿に「一言モノ申す」ことも容易になっている。学習指導要領改訂をきっかけとして教育の大きな変化の時期に入っている現在では，その傾向はなおさら顕著であろう。

しかし，私たちが「教育論」を語るとき，一体どれほどの教育に関する知識をふまえているのだろうか。自分の経験だけでなく，さまざまな人の立場や価値観を想定することができているのであろうか。そこに勝手な思い込みや極論が入り込んではいないだろうか。本書を通して，改めて「教育とは何か」に思いをめぐらせ，自分自身の教育経験もふりかえりながら，読者の皆さんと教育について考えていってみたい。

実は本書の前身として，ミネルヴァ書房から『新しい教育の原理——現代教育学への招待』（2010年）が出版されている。それからおよそ８年が経過した。冒頭にも述べたように，教育をめぐる状況は驚くほどの速さで変化してきている。こうした状況の変化に対応して，今どのような教育の原理を学ぶ必要があるのか，今我々は教育について何を考えなければいけないのかを再検討し，改めて編集・執筆を行ったのが本書『やさしく学ぶ教育原理』である。

本書は主に大学での講義用テキストとして編集されたものであり，特に教職志望者や教育に関心がある方々のうち，初めて教育について学ぶ人たちを読者として想定している。この点は，以前に刊行されたものから変わりない。しかし他方で，時代の変化に対応し，読者の方々により深く教育について考えてもらえるよう，次の三点で大きな改訂を行った。一点目は，医療，看護，福祉といったより幅広い視点も視野に入れながら，教育原理について論じたことである。もともと教育は，学校という世界の中でのみ完結されるものではないし，近年では「チーム学校」といったフレーズで，教育をさまざまな立場の人たちと協働しながら作っていく必要性も提起されている。教職志望学生はもちろんのこと，看護や福祉に携わる読者も自分事として捉えられるような執筆を心掛けている。二点目は，各章の後にコラムを載せていることである。各章の執筆者は極力わかりやすい論述になるように尽力したが，「教育原理」をテーマとする以上，読者のなかにはなかなか具体的なイメージが湧きにくいということもあるかもしれない。そこで，学校教員，看護師，言語聴覚士など，さまざまな領域の実践現場に携わってきた方々に，自分が仕事をするうえで大事にしてきた原理・原則についてコラムを書いてもらい，実践のなかでも原理が生きて働いていることを示している。三点目は，学習課題をより活動的・探求的なものに設定したことである。本書は講義用のテキストとして編集されたものであるが，同時に読者一人ひとりが自ら思考し，学びを深めていく「探求の手引き」となるよう作られている。各章末には，学びを深めるための課題があるので，授業はもちろんのこと，自主学習にも役立てていただききたい。

本書が，皆さんの「教育論」を問い直し，現在の教育にはどのような課題があるのか，またこれからどのような教育を行っていくべきかを考える資料として役立つことを願っている。

本書の出版にあたり，ミネルヴァ書房編集部の浅井久仁人氏に大変お世話になった。この場を借りて，心からお礼を申し上げたい。

2018年１月　編著者　佐々木司，熊井将太

目　次

コラム　私の原理・原則

プロローグ

失う前に気づき，考えよ

本書は，「教育」について学ぶことが初めてに近い人たち，教師を目指す人たち，教師にはなるつもりはないが教育に関心がある人たち，医療・看護・介護等の学校に通っていてカリキュラムに教育関係の授業が位置づいている人たち，すでに教職に就いているがもういちど教育を学び直してみたい人たち，そのような人たちを主たる読者に想定し，教育の原理をやさしく学ぶための案内をすることをねらって執筆・編集されたものである。

みなさんは，すでに何年も教育を受けてきたであろうし，教育とは何か，およそわかっているはずだ。教育とは，学校で先生が生徒に授業をすること，親が家庭で子供を育てること。そう考える人もいるだろう。いや，塾だって，家庭教師だって教育ではないか，就職してからも職場で教えられることもあるだろうから，それも教育になるはずだ……。このように感じる人もいることだろう。あらためて問われると答えにくいが，しかし，たしかに私たちの身近に存在している慣れ親しんだ存在。それが教育である。

ところが，身近なものは当たり前のようにそこに存在しているがゆえに，その意味や価値に気づきにくいことがよくある。たとえば，家族やペットを亡くした人が，失ってみてはじめてそのありがたさに気づき，一緒に過ごした日々を思うことがある。死別のほかにも，家族から離れて一人暮らしを始めてみて，家族の存在をありがたく思うことだってあるだろう。そういえば，近年，「〜ロス」という表現で，あるものをなくした喪失感やそれによって引き起こされる虚無感が，日常会話のなかで語られることが多くなってきたようだ。この「ロス」には，テレビドラマの終了，それまで独身であったタレントや歌手の結婚や引退まで含まれるようである。

失った後にその存在を思うことも悪くはないのだが，失う前にその意味や価値を知ること，場合によってはそれをクリティカルに考える（よい意味で批判的に捉えてみる）ことも，また有意義なことである。教育があなたの身近に存在するうちに，本書を通じて教育をぜひ捉え直してみてほしい。

自分自身に向き合え

さて，本書は，読者が一読して理解できるよう意識して書かれてはいるが，同時に，大学などの授業でテキストとして利用されることも念頭において作成されている。前者の場合は「本書」と「あなた自身」に対して，後者の場合は本書を利用して授業をする「先生」,「本書」,「あなた自身」に対して，さまざまなことを問いかけ，ぜひ対話を心がけてほしい。このことについて述べておこう。

まず「先生」に対する問いかけ。これは，説明の必要はないだろう。疑問点があれば，先生にぜひ質問し，そして対話を楽しむとよい。本書を使用している先生はみな，あなたからの質問，あなたとの対話を歓迎するはずだ。

次に,「本書」に対する問いかけ。「本書」は人間ではないので，もちろん本書自体が直接あなたに返事をしてくれるということはない。しかし,「本書」に書いてあることを読みつつ,「それはどういう意味？」「なるほど，その点は納得できた」「書いてあること自体は理解できたけれど，自分は賛成できないな」などといった問いかけを，心の中で行うこと，これを大いにすべきである。みなさんは自分が興味のある，たとえばアニメやドラマに対してなら，無意識のうちにこのようなことを心のなかで行っているはずである。「えっ？それどういうこと？」「なるほど，そうきたか」「この場面で，それはないだろう」といった具合に，対象とのやりとりを楽しんでいる。それと同じことを本書においても心がけてほしい。

３つめの「あなた自身」に対する問いかけ。これは,「先生」と「本書」に対する質問，問いかけ，対話を行えば，その過程でおのずと行われるものである。「先生」に質問しようとする。「ちょっと待てよ。これは前回の授業中に言われていたかも知れないな。ノートを見直してみようか。それとも，まずは友達に聞いてみようか」と，もう一人の自分があなたに声をかける。「いや，今日はじめて出てきた内容だし，聞き逃してもいないはず。やはり質問しよう。でも，どこまで自分でわかっていて，どこからがわからないのか。また，いつのタイミングでどう質問するのがいいだろうか。」と考えて行動に出る。たとえば，こういうのが「あなた自身」への問いかけである。つまり「先生」の方を向きながらも，同時に自分自身と向きあっているわけである。

同じように，「本書」を読み進める際も，「本書」の方を見つめつつ，それでいて自分自身に向き合う。「本書」と対話をしつつ疑問点を見いだす。あるいは納得できた点を「ここは，よし」と確認する。このようなことを意識的に行うとよい。その時あなたは，そこに「あなた自身」がいることに気づくはずだ。物理的に向き合う先は「本書」であり「先生」かもしれないが，内面的に向き合う相手は「あなた自身」なのである。

「表層」「システム」「原理」を意識せよ

私たちは，個人的にも，社会的にも，ある一定の仕組み，システム，体系といったもののなかで日々の生活を送っている。たとえば，一日に何千何万もの飛行機や列車が運行されているわけだが，支障を来さないのは，そこにきちんとしたシステムが構築・整備されているからである。大学や専門学校でもたくさんの授業が混乱なく提供されているが，これも，きちんとしたカリキュラムのもとに時間割が組まれ，教員や教室があてがわれているからである。システムは人間のなかにもある。私たちが調和のとれた生活を日々送っていけるのも，感情や行動，あるいは生存を維持・統合するシステムが私たちの内部で機能しているからである。そのシステムが機能しなかったらどうなるか。飛行機や列車のダイヤは瞬時に混乱し，学校の授業は順序性や継続性を失う。そして人間は，心身に不調を来し病気になる。

システムの根源には，そのシステムを成り立たせている思考や信念がある。システムは，複数の構成要素がダイナミズム（動態）によって調和的に作動し，ある一定方向の動きを安定的に促進するものである。自転車を例にとれば，サドルにまたがり手でハンドルを持って，足でペダルをこぐ。その動力がチェーンを伝って後輪を動かし，手や腰でバランスをとりながら前へと進む。自転車そのものも，そして自転車に乗ることも，「システム」なのである。

自転車は機械製品ではあるが，しかしそこには，根源的な思想や哲学のようなものが込められている。楽に，安全に，心地よく，スピーディに，健康的に，環境にやさしく……，移動したい，荷物を運びたい，余暇を楽しみたい，他人に見てもらいたい……。同じく，車だって，スマートフォンだって，コンセプトやデザイン，機能などのさらに根源的なところには，そのものをシステム（仕組み）として成り立たせている大本となる考え方がある。教育の分野における，それに相当するもの，それが「教育原理」ということになる。通常，原理は私たちの目には見えない。その原理がシステムを形成し，製品（自転車など）や学校の授業というかたちで私たちの目の前に現れているのである。であるならば，逆に，目に見えるもの（表層）を見つつも，それを成り立たせているシステム（それは潜在的である）をこそ見つめ，そしてさらにそのシステムの奥にある原理を見きわめようという意識と意欲をもつことが重要になってくる。これは，病院で患者に問診をし，症状を観察し，検査をして，そのような状況が引き起こされている原因を探り，その根源を突きとめようとすることと同じである。

システムで原理を維持せよ

みなさんは授業中，ノートを取っていると思う。ところが，先生が板書をしたらノートを取る，板書されなければノートを取らない，ノートは板書をその通りに写すという残念な学生もいる。ノートとは note book のことであり，note するための，つまり銘記するためのものである。心に深く刻み込むためのその材料を，授業中はもちろん，授業の前にも授業の後にも，ノートに書き込む必要がある。先生が板書をしようがすまいが，みなさんはノートを取るべきである。

小学校では先生が丁寧に板書をしてくれる。しかも，基本的には，それをそのままノートに写せばよいようになっている。日本の小学校教育を象徴する丁寧な指導なのだが，中学校や高等学校になってくると，板書の仕方そのものが変化する。書かれる内容，字のかたち，スピードなど，小学校の頃とはかなり違ったものになる。それに慣れ，自分を変える必要がある。さらにその先，大学や専門学校，職場はどうだろう。板書されないケースも増える。自分からメモしないと，結局，後には何も残らないということになりかねない。

私の授業を履修した学生に，常に最前列で授業を受けていた者がいた。座席指定ではないその授業で，彼だけが私の目の前におり，それ以外の者はほとんどが後方か両端の方に座るという，やや奇妙な感じで授業は進んだ。

否が応でも彼の方に目がいく。彼は，１つの授業につき必ずノートを２冊用意していた。１冊目のノートはメモ用として，とにかく気になったことをメモする。授業中はどんどんメモしていき，後で重要なところに線を引いたり，疑問点に色を付けたりする。そのノートはあくまでも「メモ」なので，綺麗に書かれてはいない。その後，主として帰宅後に，２冊目のノートに，今度は丁寧にまとめ直すのだという。２冊目のそのノートは，まるで彼の頭の中を反映しているかのように，クリアでシンプルだ。彼は２つのノートを取るというプロセスを自分のシステムとして習慣化していたのである。

ノートの取り方には，たとえばコーネル大学方式の取り方，マインドマップを応用した取り方など，いくつも種類がある。ノートは自分のためのものであり，基本的にはどのように取ろうが自由である。ただし，必ず自分なりにこだわってノートを取ってほしい。そのこだわりこそがシステムであり，それを生み出すものが原理である。

原理はシステムを構築するが，システムは原理を維持する。「２段階ノートシステム」を採用していたその学生は，授業中はスピーディにメモを取ることで，つねに指を動かし授業に集中するよう心がけ，授業後は休み時間などを使い，自分がとったそのメモを見直し，重要な部分に色をつけ，補足の説明を加え，不明箇所を質問する。帰宅後は１冊目のノートを見ながら，２冊目のノートにまとめ直す「復習」を行う。授業時間という「点」だけではなく，一連の「線」として，自分の学びをシステム化していたのである。

数回の授業を終え，少し話ができる関係になってから，いつからそのようなノートの取り方をしているのかを尋ねてみた。彼は「いや，この方が，よく勉強できるんで」と答えてくれた。しかし，さらに親しくなった後に，次のことを教えてくれた。

「自分の家庭は経済的にそれほど豊かではなく，無理をしてこの学校に来させてもらっている。下には妹が二人いるし，親の健康状態もあまりよくない。自分には無駄にするようなお金も時間も授業もない。とにかく最大限のことを学んで，少しでも親孝行と恩返しがしたい。」

聞けば，高校時代からこのようなノートの取り方をしているという。実は，1冊目のノートのページの間には新聞の広告やカレンダー，プリント類の裏面など，メモ用紙としての「紙」が挟まれている。1冊目のノートは，もはやそれ自体に書かれる存在というよりも，これらの「紙」を挟んでおくものになっている。1つの授業につきノート2冊と書いたが，実際には1冊目はほぼ全教科に使っているようで，しかもメモを取る先はそのノートというよりも，不要な「紙」の方，2冊目がそれをもとにまとめられるノートという使い方を彼はしていたのである。

最大限のことを学んで親孝行と恩返しをするという信念のもと，彼はこのような2段階ノート方式というシステムを採用し，同時に，授業後すぐにメモをノートにまとめることで，彼の信念（原理）を貫こうとしていたのだと思う。

みなさんは，どのような信念のもと，どういったシステムを自分のために構築するだろう。円を描くにはまず中心を定めなければならない。それを定めずに，フリーハンドで円を描こうとしても歪んでしまう。みなさんにとっての円の中心（信念）は何だろう。コンパスの針を中心に差し込み，円を描いた後，その完成した円はあたかも円周で成り立っているように見えるかもしれない。円の中心は，針を刺した所であって，よく目につく存在ではない。むしろ円周があるからこそ，円の中心がわかる。しかし，円を円として成り立たせている根源的な存在は，あくまで中心である。円周を見てつねに中心を意識するのと同じことを，自分の学習において（そして，その他の日常生活でも）行うとよい。

見通しをもって進め

高等学校までの教育内容は，かなりの程度標準化されているので，見通しをもって臨むことはしやすい。教科書もあるし，参考書もある。後から自分で補うことも比較的やりやすい。ところが，大学等では標準化の度合いは低くなるので，欠席した内容を独力で補うこと，次の授業がどう展開していくのか予測することはしにくくなる。加えて，板書があまりなされない授業，パソコン等による投影はあるが自分でメモを取らないと後に残せない授業も増える。社会に出てからはもっとそうで，自分で見通しをもって事に当たらないといけなくなる。このことを意識して，今から備える必要がある。

本書が用いられる授業であれば，まずはそのシラバスに目を通すこと。そこには，毎回の授業で何が扱われるかがおよそ記してあるはずである。評価方法も書いてあるだろうし，担当教員の連絡先，オフィスアワーに関する情報も載っているかもしれない。先ほど，大学における標準化のレベルは高等学校等に比べ低いと書いたが，近年はシラバスのおかげで，学生は以前よりもずいぶんと見通しをもって臨むことができるようになっている。

ところで，見通しをもつべき先は授業に限らない。自分自身を「円」の中心と捉えるなら，そこから放射線状に広がるみなさんの成長・発達の可能性を思い描き，授業を受けること，本書を読み進めることをぜひ行ってほしい。教師になる，看護師になる，療法士になるといった自分の将来を見据えつつ，授業内容や本書に書かれていることを，できるだけ自分に近づけて捉えてみるとよい。

すぐに役立つこと，あるいは自分の職業や将来と直接関係のあることばかりを追い求め，それ以外を排除する人たちもたしかにいる。そのような人たちは，「それは学校の話でしょ。私たちが勤めているのは病院だから」「それは中学校のことでしょ。私が教えているのは小学校だから」「それは急性期のことでしょ。私が担当しているのは回復期だから」と言い，自らを遠ざけ，そして自らの内に閉じ込もる。みなさんは，こうなってはいけない。自分とは違う業種や担当からも学ぶ，すぐに役立ちそうに思えないことでも，自分に置き換え，自分に近づけて捉える。そうすることで自らを解き放たなければいけない。

最後に，本書を手にしたすべての方にお願いしたい。授業はみんなで作るものである。教師だけでも学生だけでもよい授業はできない。ぜひ周囲によい影響を与えるような積極的な姿勢で臨んでほしい。また，授業とは関係なく本書を読む方も，同じように，積極的な姿勢で本書との対話，自分自身との対話を楽しんでほしい。授業は知的楽しみを共有できる大切な時間であり，書物は新しい「世界」へと私たちを啓く学問の窓である。本書は「小さな窓」でしかないが，みなさんに少しでも新しい世界と明るい光を届けられたらと思っている。

（佐々木　司）

第1章 教育の今日的課題

おそらく，世の中のほとんどの物事は，常に何か課題を抱え，そして姿・形を変えながら進行している。教育もまた然りで，いつの時代も批判され，新たな要求が出され，新しい制度や仕組みを採り入れていく。変わらないでいる，ということはまずない。

21世紀もおよそ20年が過ぎた今，私たちは Society 5.0 と呼ばれる段階に入ろうとしている。これは狩猟社会，農耕社会，工業社会，情報社会に続く新しい経済社会であり，サイバー空間とフィジカル空間を高度に融合させたシステムにより，経済発展と社会的課題の解決が両立する人間中心の社会であるとされる（内閣府）。地域，年齢，性別，言語等による格差がなく，多様なニーズ，潜在的なニーズに細かく対応したモノやサービスを提供することで経済的発展と社会的課題の解決がはかられることが期待されている。

かつて未来学者のアルビン・トフラー（Alvin Toffler : 1928-2016）は『第三の波』という本を書き，農業革命，産業革命（工業革命）の次には第三の波として情報革命が起こると予言した。大学生の私（筆者）は，そんな革命が本当に起こるのだろうか，私が実感できるかたちでその波は押し寄せるのだろうかと懐疑的だったが，確かにインターネットの普及は私にとっても革命的であり，正直，すごいと感じた。Society 5.0 はさらにその先の社会として描かれているものであるが，それは学校をどのように変えていくのだろう。「今」と「近未来」を考えながら読み進めていってほしい。

1 「働き方改革」と学校教育

（1）「一億総活躍社会」と “karoshi”

「一億総活躍社会」という言葉を知っている読者も多いだろう。労働人口が減少するなかで，若者も高齢者も女性も男性も，一度失敗を経験した人も，だれもがみな活躍できる社会。個性と多様性が尊重され，家庭・地域・職場でそれぞれの希望がかない，能力を発揮でき生きがいを感じることができる社会。このような社会のことを政府は「一億総活躍社会」と呼び，理想的な目指すべき社会として築き上げようとしている。

この一億総活躍社会を実現するうえで特に必要とされているのが「働き方改革」である。これまでのような働き方をしていたのでは誰もが活躍できる社会にはならない，働き方そのものを変える必要があるというわけである。悪い制度や仕組みを善いものにしていくのが改革であるわけだが，これまでの働き方（働かされ方）を，私たち自身が悪いものと捉えることができるかどうか。実はこのことが問われているといっても過言ではない。簡単そうに思うかもしれないが，そう簡単ではない。すでに存在する社会や制度，システム，あるいはそれらの基盤となっている我々の考え方，価値観そのものを相当程度変えていかなければならないからである。

ところで，悪しき働き方（働かされ方）によってもたらされる最悪の結末は「過労死」であろう。日本は2013年に国連の社会権規約委員会から，長時間労働などで過労死に至ることがないよう立法措置を含む対策を講じるよう勧告を受けている。社会権規約というのは世界人権宣言に基づく条約であり，同委員会は日本の過労死・過労自殺の遺族からも意見を聴いたうえでこの勧告を行っている。国連が，一国の労働問題に対してこれほど踏み込んだ勧告をするのは異例である。それほどまでに，日本では労働者の多くが長時間労働に従事し，過労による自殺を含む過労死が発生していることに対して強い懸念が示されたのである。

「過労死」はそのまま“karoshi”として英語になっている。ある概念がその言語に存在しない場合，外国語からの「借用」が起こることがあるが，“karoshi”もそのひとつである。働き過ぎて疲れたら休めばいいではないか。英語圏の人だけでなく，多くの外国人はそう思うだろう。いや私たち日本人も，一般論としてならそう考えるはずだ。しかし日本人はそれでも働く。休まず，勤勉に，たとえ時間外だろうと，休日だろうと。働くことを美徳としてきた我々は，長時間労働を拒むことができず，それを受け容れ，また受け容れざるを得ない状況に身を置き，そして死に至る。そのような異常さ，異様さを含意しているのが，この“karoshi”なのである。

（2）長時間働く教員

近年では，働くことに関して「ブラック」というスラングも用いられるようになっている。「ブラック企業」などというように，不当な長時間労働，賃金未払いなどを行っている雇用先のことを言い表す際に用いられる。学生なら，アルバイト先が「ブラック」かどうかを話題にすることもあるだろう。

そのブラックだが，残念ながら，学校もまたブラックといわれるようになってしまった。それは直接的には，教員の労働時間の長さに起因する。日本の教員の労働時間は，国際的にみてもきわめて長い。OECD（経済協力開発機構）の国際教員指導環境調査（TALIS 2013）によると，日本の教員の 1 週間当たりの勤務時間は，調査参加国のなかで最長（日本53.9時間，参加国平均38.3時間）であった。教員が授業を行う時間は他国とほぼ同じなのだが，課外活動（スポーツ・文化活動）の指導時間が特に長く（日本7.7時間，参加国平均2.1時間），そのほか事務業務（日本5.5時間，参加国平均2.9時間）や授業の計画・準備（日本8.7時間，参加国平均7.1時間）も長い。

日本の教員の労働時間を平成18年度と28年度とで比べた文部科学省による教員勤務実態調査があるが，それによると，28年度における 1 日当たりの学校内での勤務時間は，小学校教諭が11時間15分（平成18年度から43分増），中学校教諭が11時間32分（同32分増）となっている。同じく 1 週間当たりの学校内総勤務時間は，小学校教諭が57時間25分（同 4 時間 9 分増），中学校教諭が61時間43分（同 5 時間12分）である。管理職について 1 週間当たりの学校内総勤務時間をみてみると，小学校校長が54時間59分（同 2 時間40分増），小学校教頭が63時間34分（同 4 時間29分増），中学校校長が55時間57分（ 2 時間34分），中学校教頭が63時間36分（同 2 時間27分増）である。

少し前まで「サラリーマン教師」という言葉をよく聞いた。これは，教職を仕事と割り切って捉え，午後5時になったらすぐ帰るような教師のことを侮蔑的に表現したものだが，実際には多くの教師が（そしてサラリーマンの多くも）所定の勤務時間を超えて労働している。日本の教諭は平均して11時間以上，教頭なら12時間以上，毎日学校で働いているという現実を，まずは知っておく必要がある。なお，校長の勤務時間が教頭，教諭と比べて短く見えるが，これは学校内に限った勤務時間調査であり，校長は学校外で相当の仕事を行っている。

（3）指導という「善」と「悪」

教員の勤務時間はこの10年で増加しており，他国と比べると特に課外活動に充てる時間が長いわけだが，その課外活動の中心に位置づくのが部活動である。部活動は本来，生徒の自主的な活動なのだが，「学校といえば部活動」と感じる生徒，教師，保護者も少なくない。それほど学校で大きな位置を占めている。ところが，世界的にみると学校で部活動を行っている国は３割程度で，その他の国に部活動はない。地域のクラブチーム，習い事の教室などがその役割を担っている。また学校に部活動がある国でも，部活動の種類が日本より少ない，活動期間が特定の季節に限定されたシーズン制がとられている，教員ではない地域の人が顧問になっているといった違いがある。日本と同じく教員が顧問になるケースもあるが，その場合は別途契約を結び，部活動指導分の賃金を得ながら指導にあたるのが一般的である。

それにしても，なぜ日本の教師は長時間働くのだろう。たしかに部活動の存在は大きかろうが，部活動が一般的ではない小学校の教師も，中学校と同じだけ仕事をしている。彼らはその分，学校で授業準備等をしているのである。教師をこのような長時間労働に駆り立てる根源的な理由は何であろうか。

それは，日本の全人教育，そして教職の無限定性に見いだせる。生徒にぶつかっていく，とことん生徒と向き合う教師。土日でも部活動の指導に出かけることを厭わない教師。保護者や生徒，地域から苦情やSOSの電話が入ったら夜中でもすぐかけつける教師。教師を目指す若い人のなかにも，自分が教師になったら，このような教師になりたいと思っている人はたくさんいる。生徒や保護者も，これらを教師に対して求めている。

たしかに教育に情熱を燃やせない人は教師になるべきではないし，勤務時間内だけ働いてあとは何もしないというのでは困ることもある。それはその通りなのだが，すべては子どもたちのためにと考える，教育への熱い思い，その「熱量の多さ」こそが，「善」でもあり，しかし「悪」へとつながる危険性を孕んだ源泉なのである。

その相反する性格を象徴するかのように，近年用いられるようになってきた言葉に「指導死」がある。「指導死」とは，教師の行きすぎた指導によって引き起こされる生徒の死のことである。死に至らないまでも，教師が熱心であるあまり指導に熱が入り過ぎ長時間拘束する，大声で罵倒する，あるいは体罰が加えられるといったことは，おそらくかなり起こっているはずである。

ほとんど休日がない部活動も，冷静に考えれば度を超しているように感じられるだろうが，しかしその部が全国大会優勝などの輝かしい成績をあげていればどうだろう。生徒も保護者も感謝し，苛酷な練習，過度な指導も受容されるはずだ。違法行為である体罰ですら美化されうる。「悪」は「善」に，「異常」は「正常」に，実に簡単に変転する。善いことと悪いことはかけ離れているのではなく，薬が毒にもなるように，その「距離」はことのほか近い。そして，そこでは，自ら進んで「服従」し「支配」を受け容れる構造が制度化するのである。

（4）守備範囲の広い日本の学校

実は日本の学校が引き受けている「守備範囲」は世界的にみると，きわめて幅広く，しかも関わりの度合い，教師による献身レベルは高い。たとえば，諸外国では，土日に生徒が万引きをしても，それについて学校が対応することもなければ，そもそもそれを学校の責任とみなす考え方が存在していない。生徒による登下校中の事故やいたずらを学校管理下のものとみなすこともなければ，学校が夏休みの過ごし方についていちいち指導することもしない。基本的にそれらはみな家庭の責任なのである。学校教育の主目的は教科を中心とした学習指導による学力の向上にあり，それ以外の各種の指導は副次的なものとしてしか認識されていない。しかも，生徒指導等の多くは，カウンセラーや副校長などが担うシステムがとられていて，日本のように，担任教師が第一義的責任をもって指導にあたる体制ではない。

日本は教師が教科指導も生徒指導も，部活動の指導も，悩み相談も，あれもこれも引き受けている。鉛筆の持ち方，箸の持ち方，漢字の書き順，靴の揃え方，家庭学習の時間，休日の過ごし方など，ありとあらゆることを教育的に意義づけたうえで，細かく指導している。それが日本の学校の，日本の教師の「善さ」でもあり，「悪さ」でもある。

今，働き方改革のために，部活動の指導員をはじめ，プリント印刷などの事務作業補助員，常設カウンセラーなどを雇用することを含む各種の「業務改善」が学校に入ろうとしている。ところが，部活動の顧問は手放したくない，生徒指導こそ命，絶対自分で行いたいという教師も少なくない。それらを奪われたら自分の存在理由を失うからである。

しかも，この働き方改革それ自体が「子どもたちのために」ということで学校に浸透しようとしている。労働時間を短縮したり働き方を改革したりするのは，早く家に帰って自分の好きなように過ごすためであってはならず，少しでも「子どもたち」と向き合う時間を作るために，というのである。もちろんここでいう「子どもたち」とは教師として教えている生徒のことであって，教師自身の子どものことではない。生徒のために向き合う時間をもっと確保するために働き方を改革する，言い換えれば仕事をするために働き方を変えるという論理でもって受容されているのである。

「すべては子どもたちのために」という精神はたしかに素晴らしい。だが，素晴らしいからこそ，ある種の権力性を帯び，暴力性を秘めてもいる。「子どもたちのためを思ったら勤務時間のことなど言っておれないだろう！」「とことんどこまでも付き合う。教師なら当たり前だろう！」「給料をもらっているのだから，仕事を頼まれたら，返事は『はい』か『イエス』か『喜んで』しかないだろう！」このような言葉を教員世界でよく耳にする。いや，「子どもたち」を「お客様」と置き換えれば，これは，日本の産業界，あるいは日本社会そのものが共有しているエトス（根源的な精神）といえるかもしれない。

しかし，業務改善をなし，働き方改革を本気で進めていくのであれば，この悪しき，いや善き伝統を見直し，健全な分業制を導入する必要がある。今導入できなければ，今後も，「あれもこれも」を無限定的にこなす万能型の教師像が支持され続けることになる。その意味で，今，我々は大きな分岐点に立っている。

働き方改革を本気で行うのであれば，カスタマー（顧客）側，ユーザー（利用者）側も，多少の不便さは受け容れる覚悟がいる。日本型過剰サービスとでもいえる状況は，学校以外にも我々の周りに多くみられる。たとえば，不在でも追加料金なしに何度でも荷物を運んでくれる宅配便，正月元旦から営業するスーパーマーケット，コンビニ以外にも24時間営業がめずらしくなくなった各種の店舗。たしかに便利だし，ありがたいのだが，「やってもらって当たり前」が不当な労働によって支えられているとしたら，私たちも少しは不便さを受け容れることでその改善に貢献すべきだろう。

一生教師を続けることは素晴らしいことである。ただ，それを当たり前だと思い込んで，雇用側もカスタマー側も，過剰なサービスを当然のように求めすぎてはいけない。転職に何ら罪悪感をもたない若い世代が主流を占めるこれからの流動化した労働市場においては，教職人気は低下し，優秀な人材を得られなくなるおそれがある。文部科学省による「学校教員統計調査」によれば，定年以外の理由で離職する教員がこのところ年２％程度おり，そのうち３分の１は「転職」を理由に学校を去っている。このなかには，教育委員会に一時的に転出する者も含まれるので，その分，割り引いて考えなければいけないが，教師になった人は定年まで辞めないというのは幻想でしかない。将来のことを考え，若い世代に選ばれる健全な労働環境を構築する必要がある。

2　求められる「合理的配慮」

（1）障害のある人への配慮

2016（平成28）年４月に「障害を理由とする差別の解消の推進に関する法律（障害者差別解消法）」が施行され，不当な差別的取り扱いは禁止されるとともに，一人ひとりの困りごとに合わせた合理的配慮の提供が義務として課された。

たとえば，ある企業は次のことを行っている。発達障害のある従業員に対して予定や指示を急に変更すると混乱して仕事に支障を来すことがあるので，スケジュールはなるべく早く伝え，できる限り変更はしない。指示系統は統一し，基本的に特定の者からしか指示を出さない。指示は一度にひとつとし，複数のことを同時に伝えることはしない。口頭での指示だけでは忘れてしまうことが多い場合には，必ず紙に書いて渡す。社員同士が昼食時に行う雑談が精神的負担となるという者には，空いている会議室を提供するなどして，１人で昼食をとることを認める。

合理的配慮については，国の行政機関や地方公共団体はそれをなすことが義務，民間事業者は努力義務となっている。この法律は，教育，医療，公共交通，行政の活動など，幅広い分野を対象とした法律である。障害のある人と行政機関や事業者などとの関わり方は具体的な場面によってさまざまであり，それによって求められる配慮も多様なものになる。したがって合理的配慮に関しても，一律に義務とするのではなく，行政機関などには率先した取り組みを行うべき主体として義務を課すことを，民間事業者には努力義務として自主的な取り組みを促すことを求めているわけである。

合理的配慮を行うにあたっては，何をどのように，またどの程度までなすべきだろうか。実際には個別に十分検討し，きちんとした対応をとらなければならないが，そう容易なことではない。たとえば，発達障害，不安障害があり，対人関係において緊張感を生じやすい生徒がいて，その者はグループワークにも参加しにくい，一度に複数のことを口頭で指示されると理解しにくい，自分にこのような障害があることをクラス内の他者に知られることがないように配慮してほしいと要望している，というようなケース。今日のようなアクティブ・ラーニングの時代にあっては，グループワーク，ディスカッション，ディベートなどが教室内で行われ，「認知プロセスの外化」を伴う主体的・対話的で深い学びが推進されているわけだが，そのような状況下で，その者の発達障害に他者が気づかないようにしつつ，グループワークに参加しないこと，あるいは他者の前で自分の意見を積極的に語らないことを認める。クラス全体に対して，指示は一つひとつ，できれば板書あるいは紙に書いて行う，といった配慮が必要になるのかもしれない。しかし，もしかしたらこのなかには個別の状況下においては，合理的な範囲を超えるもの（そこまで配慮をしなくてよいもの）も出てくるかもしれない。どこまで何を配慮するかは，そう単純なことではないのである。

すでに大学等では，障害のある学生がいる場合，他者によるノート筆記，試験時間の延長，別室での受験，解答方法配慮，専用の机やスペースの提供，実技・実習等での支援など，さまざまな配慮がなされるようになりつつある。学生のなかには，発達障害等の診断書を持っている者もいるが，そうではなく，なぜ自分は授業や学校生活で困ってしまうのか，自分の困り感が何に由来するのかがわからない者，そして，それを他者に相談していない者，相談できない者も少なくない。大学等の学校は，こうした学生のことをよく観察，推察して対応することが求められる。

（2）性的マイノリティへの配慮

配慮ということでは，性的マイノリティに対する配慮が以前にも増して求められるようになっている。LGBT という言葉を知っている読者も多いだろう。これは，性的指向もしくは性的自認において多数派とは異なる少数者を意味し，レズビアン，ゲイ，バイセクシャル，トランスジェンダーのそれぞれの頭文字からなる。ほかに，Q（Questioning/Queer）や A （Asexual）が付いた LGBTQA といった用語もある。

こうした性的マイノリティから，自分が望む方の性の服装や髪型にしたい，トイレを使いたい，「通称」を使いたいといった要望が出されることがある。トイレについては，学校内に多目的トイレがあれば，それを使用するよう指示しているケースも多い。本人がそれでよいのであれば別だが，自認している性のトイレを利用させてもらえていないと本人が感じているにもかかわらず，学校がそれに応じていないなら，それは差別的ではないか，という意見もある。また，自認する性が変化するという人の場合は，たとえば昨日は男子トイレを使いたかったが，今日は女性性の方が強いから女子トイレを使いたい，という希望が出されることもあるかもしれない。このような場合に，どういった配慮をなすべきかが問われることになる。

ちなみに戦前は，小学校の児童用トイレは，男子の小用を除き，男女共用を前提に作られていたものが多かった。また，近年はコンビニなどで，男女いずれでも利用できるトイレが増えている。飛行機のトイレも男女共用である。一般住宅のトイレも，男女の別がないのが普通だろう。将来的には，性別に基づかないトイレの共用化がさらに進むかもしれない。

障害者，少数者への配慮は当然していかなければならないが，行政や事業者にとって過重な負担とならない配慮がいかなるものであるのか，合理性とは一体何なのかが問われることになる。そのようななかで，障害者を騙(かた)る不届き者が出てくる可能性もある。近い将来，そうしたことへの対応も必要になってくるであろう。いずれにしても，私たちは，「配慮」に関する新たな時代にすでに入っているのである。

3　近未来への対応

（1）AI がもたらす新時代

近年，人工知能を意味する AI という用語をよく見聞きするようになった。認識，学習，理解，予測，計画，提案といった人間の知的営みを，コンピュータが行ってくれる時代が到来したのである。そうしたなか，今後20年程度のうちに消えていく職業が予測されてもいる。たとえばスーパーのレジの仕事は，「セルフレジ」の導入が進むことで（完全になくなるかどうかはともかく）かなり減ると考えられている。少し前に，ガソリンスタンドの多くが「セルフスタンド」になり，給油の仕事が減少したのと同じようになる可能性が高い。他にも，車の自動運転技術が進み，タクシーやトラックの運転手は少なくなると考えられている。さらに自動車は，目的地に着いたあとは（運転する人がいなくても）勝手に自宅に戻るようになるそうで，駐車場の管理の仕事も減るといわれているし，さらにその先は，人は空を飛んで移動するようになっているかもしれない。

消える職業がある一方，新しく生まれる職業もある。パーソナル・ライフログ・アーキビスト（personal life log archivist）もそのひとつである。人生100年時代を迎えるといわれているが，100年間生きるとして 3 万6500日。一生のすべてを，その誕生から死ぬときまで，起きているときも寝ているときも，まるごと動画に収めることも，技術的には可能である。それほどではなくても，SNS 等を使って，日々の情報を発信し，記録している時代である。デジタル環境によってすべてを完全に記録することが可能なこの時代に，ツイッターやインスタグラムなどから取捨選択してそれを一つにまとめ，きれいな形で残すことはできる。パーソナル・ライフログ・アーキビストは，個人としての人生の記録を整理・分類・仕分し，きちんとしたかたちでアーカイブ化する人（記録として残す人）のことである。各種の情報は散逸しているかもしれないが，ネット社会の情報は基本的には消えないからどこかにはあるわけで，それを集めて整理し，場合によっては紙媒体などのアナログデータも同様に加えて，依頼主が喜ぶかたちで提供するわけである。もしかしたら，その人の先祖まで遡ってリサーチし，ルーツやヒストリーの情報を提供することも「職務」のなかに入ってくるかもしれない。

これまでも著名人なら，だれかがその人のことを調べて本にして出版してきた。また一般人にも「自分史」を書く人はいた。しかし，それを職業として請け負ってきちんと行う，しかも「インスタ映え」よろしく，「映える」ようにやってくれるのがこのアーキビストである。アーキビストはアーカイブ化する人ではあるが，その人と連携して，個人にアドバイスを送る職業，つまり，長期的なスパンで，その人をトータルでコーチする人，あるいはその人に精神的な安らぎを与える人も，職業人として現れるかもしれない。いずれも，記録される時代，記録が残る時代に登場する新しい職業である。

それから，これは職業ではないが，人工知能を搭載したロボットが各家に一台，いや人間一人に一台という時代が来るといわれてもいる。将来は，このようなロボットと結婚したいという願望が出され，社会もそれを認めるようになる可能性がある。さらには，生きている間にその人の言動をある程度の時間記録しておくことで，その人が死んでからも，まるでその人が生きているかのようにその人を浮かび上がらせ，その人にしゃべらせる（その人がしゃべりそうなことを AI がその人の「立体的な映像」をともなって勝手にしゃべる）ことも可能になるといわれている。もっと進化すれば，人間と見分けがつかないほどの質感のアンドロイドを故人と（あるいはまだ生きている誰かと）似せて作り，それが自分でしゃべったり動いたりするようになるそうで，そうなってくると，もはや死んでいるのか生きているのかわからない，アンドロイドなのか人間なのかがわからないといった可能性（危険性？）が出てくる。あまり先のことを書くのもどうかと思うが，しかし，こうしたことがますます現実味を帯びてくる時代を子どもたちは，そしてその先の世代は生きていくことになる。現代は過去の蓄積の上に成り立っているのではあるが，同時に，未来が現代を成り立たせているという見方が，今後はより重要になっていくであろう。

（2）スマート化する学校

ICT の発達により，電子黒板，デジタル教科書，タブレット端末などがすでに学校に入りつつあるが，これまでの ICT は授業や学習で利用するものとして捉えられてきた面が強かった。しかし，これからは，校務などにおける利活用が進んでいくと考えられる。

たとえば，通知表。毎学期の終わりに紙媒体で評価を目にしてきたわけだが，今後はそれがデジタル化し，保護者はいつでも好きなときにネット接続して，我が子のその時点での成績等（たとえばテストの点，各授業の出席の様子，宿題の提出状況など）を確認できるようになっていく。すでにこうしたシステムを導入している学校もある。

同様に，学校内部の授業や指導の様子を映像でいつでも見たい，あるいは何かトラブルが発生したときのためにも映像記録を残しておくべきであるという意見がある。ちょうど，自動車の事故やトラブルに備えてドライブレコーダーが普及したように，学校内部の各場所にカメラが設置されていく可能性は高い。幼稚園や保育所のなかには，我が子の様子を見たいという親からの要望もあって，すでにこのようなカメラが設置されているところも少なくない。同じことが小・中・高等学校，大学等でも進む可能性がある。そうすれば，たとえば，欠席した生徒に向けて，授業の様子をネットで配信することもできるし，教師がどのような授業をしているのかの確認，あるいは生徒がどのような態度で授業に臨んでいるかのチェックもできる。もちろんプライバシー等の問題もあるが，それでも学校における授業や指導等の可視化，記録化は進むものと思われる。

学校を取り巻く外部支援体制のオンライン化，教職員向け研修のｅラーニング化，複数自治体によるクラウド利用等は間もなく現実のものになっていくだろう。将来的には，AI がカメラ撮影と同時に自働で，誰が授業中に何回発言したかとか，どのような問いかけに誰はどのように反応する傾向にあるかといったことを計測し情報提供してくれるようになるはずである。さらには，クラウドやビッグデータの活用，あるいは DNA など遺伝情報の利用が有機的に進み，「この子どもにはこの場面ではこのような教材を与えて，このような接し方，表情をすればよいです。それに適しているのは，この学校の中では○○先生です」といったアドバイスが適宜与えられるなかで授業が展開されるようになるかもしれない。固定電話が携帯電話に取って代わられ，それもスマホ（スマートフォン）に移行したように，学校も急速に「スマート化」していくだろう。

（3）ハイブリッド・ラーニング

自動車の世界では新車販売台数に占めるハイブリッド車の割合が増加しているが，教育の世界でも「ハイブリッド化」が進展している。といってもこれはアメリカの話である。「授業は教室」でという従来型の学習形態ではなく，たとえば，数学は30人のクラスメイトと一緒に教室で先生から授業をうけるが，国語は個人ベースで自由に学んで，わからないところだけを先生に尋ねる，あるいは，国語や算数は家庭でホームスクールとして学ぶが，音楽と体育だけは学校に来て授業を受けるといった「異種混合」スタイルの学習形態がずいぶんと普及してきている。それにともなって教師の役割も，教室で30人程度を相手に授業を行うという存在から，個別指導を行うとか，学習をファシリテートするというように，専門分化しはじめている。日本でも，すでに学習塾では個別指導がかなり普及しているが，今後は学校でも個別指導と集団指導の両方を準備しておいて，好きな方を選んでもらうというように変わるかもしれない。

特定教科だけ学校に来て学ぶとか，基本は自主学習をし，わからないところだけ先生に聞いて個別指導を受けるというのは，いかにも自分勝手でわがままではないかという意見も，アメリカでもないことはない。しかし日本の学校でも，実は保健室登校や別室での少人数指導，個別指導というかたちですでに同様のことを認めてきている。従来，教師の指導力とは40人程度に効果的に授業を行える力，生徒集団を率いていける力，しっかりと生徒指導を行っていける力などとして認識されてきたが，今後は，個別指導ができる力，熱量が高くないかたちで指導できる力がそこに加わっていく。

学校はこれまで教育を「ワン・パッケージ」で提供してきた。つまり，学ぶ内容にしても学び方にしても，すべての者が満足する唯一の理想的なものがあるという前提で，同じものを同じように与えてきた。しかし，もはや，学校が与えるそのワン・パッケージでは満足しない人が増えている。それは，CD という与えられたワン・パッケージとして音楽を聴くのではなく，自分が好きな音楽だけをダウンロードして，好きなように再生リストを作って聴きたいという人が増えている状況と似ている。将来的には，1つの学校にのみ在籍してそこで全部の授業を履修するのではなく，ネット上の学校を含む複数の学校から少しずつ授業を取り，その履修証明を合算するかたちで卒業資格を得るタイプの学習スタイルが広がる可能性もある。Society 5.0 の社会は「ハイブリディティ（異種混交性）」への対応を迫られるであろう。

学習課題

① 日本の教師が部活動の指導，生徒指導を，部活動指導員，カウンセラーなどに委ねること，逆に，委ねずに現状のように行い続けることについて，それぞれメリット・デメリットを考えてみよう。

② あなたの「孫」世代の人たちが暮らす世の中（あなたよりも60歳程度年齢が下の人が10代となる2070～80年頃を想定）と，そこにおける教育を思い描き，その時代に生じているであろう課題とその解決策について話し合ってみよう。

参考文献

アルビン・トフラー，徳岡孝夫監訳（1982）『第三の波』中公文庫。

日本学生支援機構「障害のある学生の就学支援に関する実態調査」（各年）
http: //www. jasso. go. jp/gakusei/tokubetsu_shien/chosa_kenkyu/chosa/index. html（2018年 1 月26日最終閲覧）

内閣府「合理的配慮等具体的データ集（合理的配慮集）」
http://www8.cao.go.jp/shougai/suishin/jirei/（2018年 1 月26日最終閲覧）

（佐々木　司）

コラム　私の原理・原則　1

養護学校での経験と思い

最初に赴任した学校での経験はいずれの教師にも印象深く，誰もがそこで感じたことを大切にしてその後の教師生活を送っていくのではないかと思います。初任校が，その人の教師としての根幹を形成するといっても過言ではありません。

私は現在，高等学校で国語科を担当していますが，初任校は「養護学校」でした。今では特別支援学校に名称が変わっていますが，肢体不自由の生徒や，病弱な生徒に教育を行っていた学校です。私は，特別支援教育に関する資格や知識をもっていたわけではありません。国語の教師を目指し，やっと教師になったばかり。その素人同然の私に対して，先輩教員はみな初日から愛情をもって接してくださいました。

そんな先輩からのアドバイスで印象に残っているのが，「国語を教えます」ではなく，「一緒に国語を勉強します」と自己紹介するとよいというものでした。教員としての第一歩を踏み出し，はじめて生徒に自分のことを伝えようとしている私は，きっとかなり緊張していたと思います。でもこの一言が，「初めから完璧な先生でなくてはならない」という力みから私を解放してくれました。「生徒とともに学び，成長し続ける教員になってね」というメッセージだったと思っています。

その学校で初めて私が生徒たちと出会ったのは，車いすがたくさん行き来する廊下でした。その光景をはっきりと覚えています。元気がよい者は，サーキット場さながらに猛スピードで車いすを操り，廊下を走り抜けて行きます。でもその傍らには，自力で車いすを操作できない生徒がたくさんいます。私を含む初任者教員も生徒の車いすを押していくのですが，押し方がこれでよいのかを生徒に聞きながら，また失敗もしながら，一歩一歩進んでいきました。

それから少し経ったある日のこと。幼い頃の事故で両足を失った女子生徒が私に話してくれたこと，そしてその時の彼女の表情が今でも忘れられません。彼女は次のように言いました。

「この前，町の中で，小さな子どもが私を見てたの。『あのお姉ちゃんはどうして車いすに乗っているの』。そう母親に尋ねるのが聞こえてきた。そのとき母親はなんて言ったと思う？　『見ちゃダメ』。そう言ってた。私は，子どもの言葉には傷つかなかったけれど，母親のその一言には傷ついた。何も悪いことをしていないのに，どうしてそんなふうに言われなければいけないのかな……。」

今でもその時のことを思い出し，私は共生社会における教育の在り方について考えます。私がその母親であったならどう答えただろう。どう答えたら女子生徒は納得できたのだろう。障害者理解のあるべき姿とは何だろう。もちろん状況にもよるけれど，障害のある人が困っているとき，こちらから積極的に声をかけるのがいいのか，それとも必要以上にそうしないほうがいいのか。正直，さまざまな思いが頭の中を駆け巡ります。そして，彼女の声，彼女の表情が浮かぶのです。

現在，特別支援教育は，支援を必要とする幼児児童生徒が在籍するすべての学校において実施されています。そしてそれは，障害のある子どもたちへの教育にとどまらず，さまざまな人々が生き生きと活躍できる共生社会の基礎になるものとして重要な意味をもっているとされています。教員は，どのような学校で勤務する場合でも，特別支援教育の視点と感性を持ち合わせていなければなりません。

人の価値は障害の有無やペーパーテストの点数で単純に測れるものではありません。相手を敬う気持ち，理解しようという気持ちで相手に向き合ったとき，その人は心を開いてくれます。そこで初めて心を通わせることができます。相手と心が通わない限り，真の教育は成立しません。

二校目以降は特別支援学校以外の高等学校で勤務していますが，「国語を」教える教員ではなく「国語で」大切なことを教える教員でありたいという思いで生徒と接することを心がけています。そして今でも初任校での経験と思いを大切にしています。養護学校で教育の真髄を学ぶことができたことに感謝しています。

（河田 久美）

第2章 人間の発達と教育

赤ちゃんは母親のお腹のなかで栄養をもらいながら少しずつ大きくなる。はじめは目に見えないほどに小さいが，周りの人に話かけられれば，動いて反応するようにもなる。やがて医師や看護師の助けも借りながら生まれてくる。

生まれたばかりの赤ちゃんは呼吸をすることも，母乳を摂ることもままならない。それでも時間とともに成長して，身体は大きくなり，情緒も豊かになる。ときに失敗もしながら試行錯誤を繰り返し，子どもは，さまざまなことができるようになり，やがて一人前の大人となっていく。

人間が育つことはごくあたりまえのことのように思える。だが，子どもが順調に育ち，大人になることができるのも，保護者，医師，看護師，保育者，教師といった周りの大人による適切な支援や教育があればこそ，である。さらには子育てを支えるための教育，医療，福祉等に関わる法規や制度も子どもの健全な育ちには欠かせない。この章では，幼少期の子どもの育ちを中心に，生活環境や制度の枠組みにも触れながら，人間の発達と教育を学んでいく。

1　子どもはどのように育つのか

（1）「発達の最近接領域」と「足場かけ」

赤ちゃんは少しずつ大きくなり，情緒も豊かになっていく。それまでできなかったこともできるようになる。子どもの育ちは，保護者や保育者はもちろん，できることが増えていくことを実感する子ども本人にとっても，うれしいことであろう。

だが，子どもは自分自身の力だけで育つわけではない。保護者や保育者，ときに友人の助けを借りながら，あるいは何かの道具の力を借りながら少しずつ育っていく。たとえば，縄跳びができるようになるには，手をタイミングよく回し，ちょうどよいタイミングと高さでジャンプをすることができなくてはならない。はじめは一回も跳べない子どもも，努力を重ね，周囲の者から励ましやアドバイスをもらいながら，やがては跳ぶことができるようになる。

子どもたちは，たとえはじめは何かができない段階にあったとしても，すでにできるようになっている友だちから見よう見まねで学んだり，大人からのちょっとした助けを借りたりすることで次の段階へと進む。友人が縄跳びをしているところからジャンプのタイミングや縄の回し方を学ぶことができる。また，回す縄とジャンプのタイミングを合わせるために，大人が手を叩いてあげることで，子どもはうまく跳ぶことができるようになる。

このように，子どもが一人ではできない段階と，一人でもできる段階との間には，誰かと一緒に取り組み助けを借りることでできる段階がある。この段階は，「発達の最近接領域（the zone of the proximal development：ZPD）」と呼ばれている。子どもの発達の程度を見極める手がかりになる考え方であり，ロシア（当時はソビエト連邦）の心理学者であるレフ・セミョノヴィチ・ヴィゴツキー（Lev Semenovich Vygotsky：1896-1934）が提唱した。「発達の最近接領域」を見極めて，発達のための手助けをする，手を差し伸べることは，「足場かけ（scaffolding）」と呼ばれている。この「足場かけ」の考えは，ヴィゴツキーをアメリカに紹介した，ジェローム・セイモア・ブルーナー（Jerome Seymour Bruner：1915-2016）が提唱した。子どもたちの発達への意欲を損なうことなく，見守りながら適切な手助けをすることは保育者や教師の腕の見せどころといえるかもしれない。

（2）発達の考え方が照らす子どもの成長

立つこと，歩くこと，言葉を聞いて理解すること，話すこと。これらはいずれも多くの人が身につけていることである。しかし，成長の途中の適切な時期，つまり発達のための準備が整ったそのタイミングで適切な環境や支援がなければ，新しいことはできるようにはならない。

このことの証左として，長期間に渡り社会から隔離された子どもの例が報告されている。たとえば，18世紀末フランスの森の中で，まるで野犬のような生活をしているところを発見され，ビクターと名づけられた「アヴェロンの野生児」や，周囲から隔絶され，十分な社会生活を営むことができずに成長した19世紀初頭ドイツの「カスパー・ハウザー」を挙げることができる。彼らはいずれも，発見後，社会生活を送るための訓練を受けたが，一般的な大人と同等の能力を獲得するには至らなかった。なお，人間社会から隔離された状況で育った子どもを「野生児（Wild Child）」と呼ぶことがある。アメリカのカリフォルニア州では1970年に，それまでずっと育児放棄をされていた13歳の少女ジーニーが保護されている。彼女は本来の意味の野生児ではないが，人間社会から隔離されて育った Wild Child として発見後の記録が映像に残っている。

発達のための支援や環境が得られず，そのための適切な時期を逃してしまうと，その後にさまざまな能力を多くの人と同じように獲得することは難しくなってしまう。発達段階の考え方があるおかげで，子どもの年齢や心身の成長に合わせた適切な支援の時期を周りの大人が逃すのを防ぐことができるし，病気や障害を発見して，早いうちから適切な治療や支援を開始することも可能になる。赤ちゃんは生後，数か月おきに健康診断を受ける。このとき医師がチェックしているのは，身体的，精神的発育である。健康診断では，身長や体重，頭囲や胸囲を測定する。姿勢をうまく保ったり反射したりできるか，言葉や社会性の発達に問題がないかなどが調べられる。検診の時期までに多くの赤ちゃんと同じように発育が進んでいない場合，子育て上の問題や何らかの疾患が疑われる。その後の経過を観察しても改善の傾向がみられなければ，保護者への指導や赤ちゃんへの治療等が行われるようになる。こうした支援を必要に応じて適切に行うことで，たとえ発達上の遅れや病気があったとしても，緩和や治療に道が開かれるのである。

（3）認知の発達：ピアジェの説から

これまで発達段階に関して，医療や教育の分野でさまざまなモデルが出されてきた。なかでも人間が何かを知ったり考えたりすること，つまり人間の認知の部分に注目して発達段階を考えたのが，スイスの心理学者ジャン・ピアジェ（Jean Piaget：1896-1980）である。ピアジェは，自分の子どもの成長をつぶさに観察し，子どもの認知の発達を成長にともなう四段階に分けて考えた。

ピアジェは学習を，人が新しい認識の枠組みを獲得することと捉えた。はじめは，「感覚運動期」（誕生からおよそ２歳まで）と呼ばれる段階である。この時期は，乳幼児期にあたり，まだ言葉が十分に発達していない。子どもは，ものに触れたり，口に入れたりして周りの世界を少しずつ認識していく。その後にくるのは「前操作期」（子どもが話し始めてからおよそ７歳まで）である。これは幼児期にあたり，言葉は話せるようになるものの，記号を使って考えることや周りの人の視点で考えることはまだ難しい。次が「具体的操作期」（およそ７歳からおよそ12歳まで）である。おおよそ小学校の中学年から高学年くらいまでの時期にあたるこの時期，子どもは論理的にものごとを考えることができるようになる。たとえば，容器に入った水を，容積が同じで形が異なる別の容器へと移し替えるとき，「前操作期」の子どもは，水の体積は変わると考えてしまいがちだが，「具体的操作期」の子どもは，容積（＝底面積×高さ）が同じであれば，水の体積も変わらないと考えることができるようになる。さらに「形式的操作期」（12歳以降）になると，より抽象的な思考もできるようになる。この時期にさしかかると，直接的な体験をしていない，あるいは具体物が目の前にないとしても，言葉や記号を使って考えることができるようになる。「形式的操作期」の子どもは，視点を変えて考えることもできるようになり，自分とは異なる立場の人のことを考えることができるようになる。

（4）心と社会性の発達：エリクソンの説から

人間が発達をしていくのは，何も認知に関わる部分だけではない。心や，人との関わりといった社会性に関することも発達を遂げていく。そう考えたのが，ドイツに生まれアメリカで学究活動を行ったエリク・H・エリクソン（Erik Homburger Erikson：1902-1994）である。

エリクソンは，人生の各段階にはそれぞれ発達上の課題（葛藤）があると考えた。人はそれぞれの段階で，課題を乗り越えていくことで次の段階へと進む

表2-1　エリクソンの発達段階

年齢	時期	要素	心理的課題	関係性
誕生～	乳児期	希望	基本的信頼 対 不信	母親
18か月～	幼児前期	意思	自律性 対 恥，疑惑	両親
3歳～	幼児後期	目的	積極性 対 罪悪感	家族
5歳～	学童期	有能感	勤勉性 対 劣等感	地域，学校
13歳～	青年期	忠誠心	同一性 対 同一性拡散	仲間
20～39歳	成人期	愛	親密性 対 孤独	友だちパートナー
40歳～64歳	壮年期	世話	生殖 対 停滞	家族，同僚
65歳～	老年期	賢さ・英知	自己統一 対 絶望	人類

ことができる。エリクソンが示した発達段階をみてみよう（表2-1）。

たとえば乳児期の子どもは，保護者や保育者と多くの時間を過ごす。授乳をはじめ，周りの大人の世話を必要とする。大人がタイミングよく適切な世話をすれば，子どもは大人に対して信頼を寄せるだろうし，世話ができなければ不信に思うかもしれない。信頼感と不信感を抱きながら，それでもなお，継続して世話をしてもらえることで，子どもは大人を強く信頼するようになり，やがては自分を取り巻く世界に対する安心を感じ取ることができる。エリクソンの発達段階説は，乳児期の後も老年期に至るまで，それぞれの年齢段階ごとに発達課題を提示しているが，なかでも青年期におけるアイデンティティ（自我同一性）の確立を最も重視している。

2　特別な配慮を必要とする子どもの教育

（1）発達上の課題：早期支援の必要性

発達段階の考え方には，子どもの健全な成長を見守り，仮に標準的なモデルから大きく外れる子どもがいれば，できるだけ早いうちに発見して適切な支援を行おうとする考えがあることは前節でふれた。もちろん，これは特定の子どもを差別しようとするものではなく，適切な支援を行うための措置である。

就学時にはいくつかの調査を用いた健康診断が行われている。知能については，かつては標準化された知能検査法によって知的障害の発見に努めることとされていたが，今日では，検査法を限定せず，適切な方法であればよいことになっている。なお，知能検査は1900年代の初めにフランスで開発されたビネー・シモン知能検査にその由来がある。このテストは，知的能力の発達に遅れのある子どもを早期に発見して，必要な支援を行うことに役割を果たすものである。ある基準に照らして，発達上の遅れがある子どもを見つけ出すことはスクリーニングと呼ばれる。

知的能力の発達に遅れがない場合でも，学習に支障をきたす子どもは，チェックリストを使って発見され，医師の診断を受けることで発達障害が認められるようになった。発達障害は法律のなかで，「自閉症，アスペルガー症候群その他の広汎性発達障害，学習障害，注意欠陥多動性障害その他これに類する脳機能の障害であってその症状が通常低年齢において発現するもの」（発達障害者支援法第2条）と定義づけられている。

発達障害が認められれば，その子どもに対して必要な支援や合理的な配慮が行われるようになる。医師による専門的な知識に基づく支援方法が保護者や教師に伝えられると，発達障害のある子どもの生きづらさは緩和されることが期待される。実際，通常学級と特別支援学級の双方で学ぶ「通級」を行っている子どものうち発達障害による者の数は，2006年から2015年にかけておよそ6倍に増えている。これまで以上に発達障害への関心が寄せられ，支援が行われている。

だがその一方で，発達障害を原因として通級指導の対象となっている子どもの割合は，都道府県ごとにばらつきがある。2016（平成28）年度の調査において，小学校で通級対象となった児童の割合が最も大きい県のその値は約2.8%であるのに対し，最も低い県のそれは約0.4%であった。必要な支援や配慮が行き届いているかどうか，注意していかなければならないだろう。

（2）インクルーシブ教育の理念と特別支援教育

合理的な配慮をしたうえでなお，発達障害のある子どもも含めて，あらゆる障害のある子ども，さらにはさまざまなニーズをもつ子どもが可能な限り共に学び，育つことのできる教育が求められている。こうした教育はインクルーシブ教育と呼ばれる。その理念は，1994（平成6）年スペインのサラマンカ市で開催された「特別なニーズ教育に関する世界会議」での声明で表明されている。障害のある人もそうでない人もやがてはともに社会を担う一員となっていく。そのためには教育の段階から，両者を隔てることのない取り組みが必要となる。

かつて日本では，知的障害，肢体不自由，弱視，難聴等のある子どもに対して障害別に「特殊教育」が行われていたが，2007（平成19）年にはさまざまな障害のある子どもを一体的に支援・教育する「特別支援教育」に移行した。特別支援学校には，地域の特別支援教育の中核となることが期待されている。

（3）障害の尺度の変更：国際障害分類から国際生活機能分類へ

インクルーシブな社会を実現するには，社会が障害をどのように捉えるのかという視点も大切になってくる。障害は身体的な症状であり，物理的な疾患であると認められることが多い。1980年にWHOが出した尺度は，疾患や変調を原因とし，機能・形態障害，能力障害につながるとする「国際障害分類」（International Classification of Impairments, Disabilities and Handicaps：ICIDH）だった。これは身体的・物理的な側面に注目したものである。疾患や変調を原因として機能や形態の障害，能力障害が生じ，社会的な不利益を被るというモデルである。それに対して，2001年には社会的な関係や環境因子が加わった「国際生活機能分類」（International Classification of Functioning, Disability and Health：ICF）が発表された。これは従来の機能障害に加えて，社会的な関係や環境の状態も考慮するものとして注目されている。「国際生活機能分類」は，社会生活面にも注目した分類で，生活環境を改善したり社会制度を工夫したりすることで機能障害を和らげることができるのではないかと期待されている。

国際生活機能分類の考えに従えば，社会の制度やさまざまな設備を誰にとっても使いやすいものにしていく，つまり，よりユニバーサルなデザインによって捉えなおす，整備しなおすことが必要となる。具体例としては，わかりやすい大きな絵文字の案内板や案内図の設置，段差の小さな建物や乗り物，歩行者が歩きやすい道路の設計等を挙げることができる。こうしたユニバーサルデザインの恩恵を被るのは，障害のある人々に限らない。すべての人が暮らしやすい社会の実現につながるのである。

3　子育ての課題と支援方策

（１）家族と家庭

家族とは，同じ家に住み，生活を共にする配偶者および血縁関係にある人々のことをいう。一般に私たち人間は，子どもとして生まれでた出生家族と，大人になり結婚し子どもをもうける生殖家族の２つを経験するといわれてきた。現在の家族は，「夫婦と未婚の子」からなるいわゆる核家族が多い（図２－１）。ただし，子どもをもとうとする，しないは，夫婦の意思によると考えられ，生殖家族という表現はもはや適切ではないかもしれない。さらに結婚それ自体も，する，しないを自分で選ぶものになっている。

家族の形態や機能は時代や国でさまざまである。たとえば，日本人にとって最も馴染みのある，両性が婚姻しその間に生まれた子どもを構成員として成り立っている家族以外にも，未婚のまま同居している両性による家族，女性と女性のように同性によって形成されている家族，婚姻関係にないパートナーが養子として子どもを育てている家族，複数の配偶者がいる家族，父親は子育てを一切しないばかりか妻と子どものいる家には基本的に同居せず妻とその親が子ども（孫）を育てている家族などがある。

家庭は，夫婦や親子などによって形成された生活共同体であり，家族と家族が生活をする場所や環境，雰囲気などを内包した概念として用いられる。一般に家庭は，生まれてから独り立ちをするまでの間，子どもが多くの時間を過ごす場である。また，世帯とは生計をともにする生活体を意味する。一個人は一人暮らしをすることで世帯を形成し得るが，一人暮らしをしている個人をもって家族，あるいは家庭とはいわない。ただし，近年は，単独世帯の者が集まって新しいかたちの緩やかな共同生活を行う居住スペースもできてきており，それを新しい生活共同体とみなすことはできるだろう。

図２－１は，過去30年間の世帯数をタイプ別に整理したものである。単独世

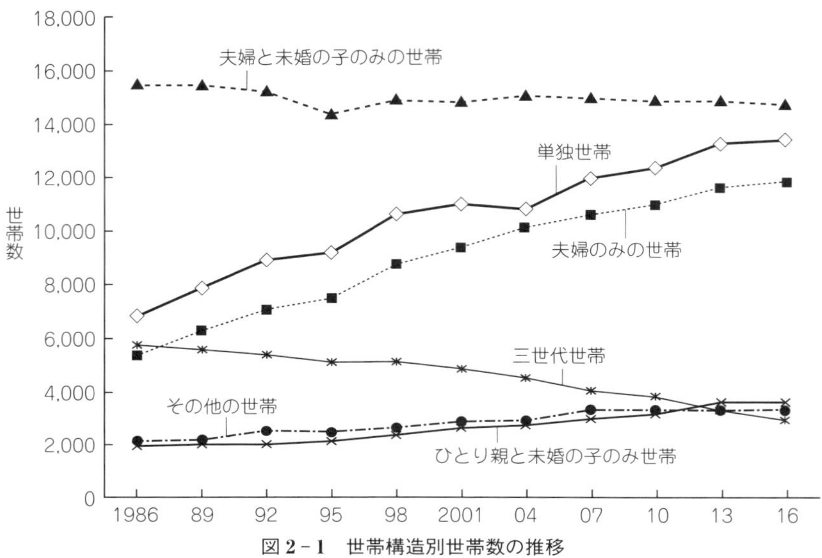

図２－１　世帯構造別世帯数の推移

出典：厚生労働省（2017）。

帯（一人暮らし）や，夫婦のみの世帯が増えていることがわかる。おそらく子育て中の家庭は，「夫婦と未婚の子」からなる世帯，「ひとり親と未婚の子」からなる世帯，「三世代世帯」であろうが，「三世代世帯」は減少している。

（２）子どもの貧困問題

子どもの育ちにとって家庭は大切な場であるが，子どもは自分が生まれてくる家庭を選ぶことはできない。どのような家庭に生まれても最低限の文化的生活を営むことが保障されなければならないわけだが，現実には家庭の社会経済的背景が学業成績や将来の生活に大きく影響していることが指摘されている。

貧困には収入や生活費で一律に定義した絶対的貧困（たとえば，１日の生活費１ドルなど）と，国内における所得格差に着目した指標によって定義される相対的貧困がある。OECD の相対的貧困の定義によれば，日本は2015年で相対的貧困線である122万円未満（月収換算で10万円程度）しか年収がない人が約16％いるとされている。このような家庭の子どもをどのように支援していけ

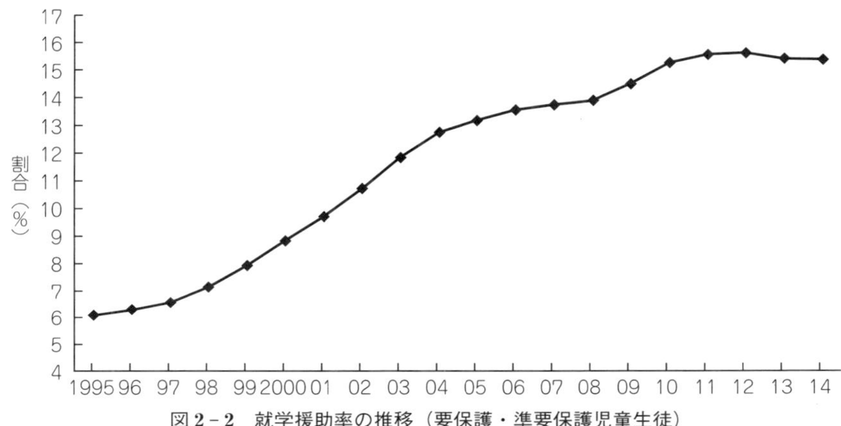

図２－２　就学援助率の推移（要保護・準要保護児童生徒）

出典：文部科学省（2017）。

ばよいのかが問われている。

相対的貧困の状況にある家庭の子どもは，就学上の援助を必要としている。図２－２は就学援助を受ける児童や生徒の割合であるが，1995年から2010年にかけて，その割合は上昇をしている。子どもの貧困は，教育の機会均等の観点から解決されるべき社会問題なのである。

子どもの貧困が子どもの発達に影響を与え，子どもの発達を不十分なままにしてしまうことが心配される。たとえば，近年，やり遂げる力や忍耐力，協調性といった社会情動的資質（非認知スキル）が，数や言葉に関する認知スキルの獲得に与える影響が大きいことが指摘されている。この社会情動的資質は０歳～８歳にかけて大きく育つ。そのため，恵まれた教育や支援を得られる子どもとそうでない子どもとの間に差が生じてしまうのである。

もちろん社会も，ただ手をこまねいてばかりいるのではない。子どもの貧困を解決し，子どもが将来の生活に希望をもつことができるようにするための努力が始まった。親と子どもとの間で貧困の連鎖を断ち切り，貧困の状態を是正するための法律が制定され，政策が打ち出されたのである。2013（平成25）年には，「子どもの貧困対策の推進に関する法律」が制定された。同年には，この法律を具体的な政策として実現していくための方針（「子供の貧困対策に関する大綱」）を政府が打ち出している。教育面では，幼児教育の無償化や学習の遅れがちな子どものための学習支援が行われることになった。これは社会情動的資質の形成の観点からみても重要な支援策である。生活面では保護者の自立支援や児童養護施設等を退所した子どものアフターケアが行われることになり，さらに経済面では児童扶養手当やひとり親家庭の支援制度も充実しつつある。こうして貧困の状況にある子どもの育ちを社会全体で支えていこうとしているのである。

（3）子育て支援の施策や活動と課題

子どもの健全な育ちという視点で考えれば，子育て支援や待機児童の問題も避けて通ることはできない。現代は核家族化が進んでいる。親類縁者からの支援が難しいなかで，子育てをしながら就労を希望する女性も少なくない。子育てをするひとり親の家庭も増えている。そのため，子育て支援が果たす役割は重要である。保護者の就労に関しては，産休はもちろんのこと，育休の制度もある。子どもを受入れる保育所や幼稚園，認定子ども園の整備，保育者の養成と確保は多くの自治体で進められている。子育て支援に関するネットワークや活動，児童手当等の経済的な援助も用意されている。

ところが，現実に子育て支援の施策の理念が社会全体に十全に浸透して実現しているとは言い難い状況がある。たとえば，育児休暇を取得することが難しい職場もあるかもしれない。休暇を取れるとしても，長期にわたる休暇がキャリア形成に悪影響を及ぼすことを心配して，退職を選ぶか，そもそも妊娠や出産をあきらめる場合もあるだろう。また，子どもを受入れる保育園の整備状況にも課題がある。特に都市部では，保育所や子ども園への入園を希望しながらも入所できない「待機児童」の問題もある。

こうした状況を受けて，2017（平成29）年には，「子ども・子育て支援新制度」が内閣府によって進められることになった。これは，保護者が働く事業所内の保育所の設置を促したり，民間企業が保育事業を始められるように規制を緩くするものである。こうした政策により，保育所の受け入れ児童数を増やし，待機児童問題を緩和・解決しようとしているのである。

本章では，保育や教育を中心としながらも，看護，医療，子育て支援に関わる法規や制度にも触れ，子どもの育ちを取り巻く状況を描いてきた。子どもは生まれながらにして，それぞれが個性をもっている。また，育つ家庭の状況もさまざまである。誰ひとりとして同じ境遇の子どもはいない。

子育てや教育を保障するためのきめ細かな社会的な支援を行っていくことが今後も求められるだろう。保育者や教師，看護師は，子どもの育ちやその背景となることがらに関する知識に基づきながら，目の前の子ども一人ひとりに向き合う必要がある。子どもが社会のなかでより健やかに生き，育つ。そのための重要な役割を，保護者はもちろんのこと，保育者や教師，看護師は担っているのである。

学習課題

① 子どもの育ちに関わる問題にはどのようなものがあるだろうか。本章の内容を参考にしながら，新聞記事のデータベースや切抜資料等を使って調べてみよう。そのうえで，子どもへの直接的な支援，子育て家庭への支援，社会全体の福祉向上策をそれぞれ考え，ノートに書き出してみよう。

② 幼少期の子どもの育ちは，保護者をはじめとしたさまざまな立場・職業の人々によって支えられている。保護者，保育者，教師，看護師，地方自治体の職員等，それぞれの立場・職業でどのような役割があるだろうか。グループを作り，インターネットや図書館の資料等を使って調査をし，発表用の資料にまとめてみよう。

参考文献

ヴィゴツキー，L. S.（土井捷三・神谷栄司訳）（2003）『「発達の最近接領域」の理論――教授・学習過程における子どもの発達』三学出版。

エリクソン，E. H.（岩瀬庸理訳）（1969）『アイデンティティ』金沢文庫。

厚生労働省（2017）「平成28年 国民生活基礎調査の概況」
http://www.mhlw.go.jp/toukei/saikin/hw/k-tyosa/k-tyosa16/index.html（2017年９月20日最終閲覧）

ピアジェ，J.・イネルデ，B.（波多野完治ほか訳）（1969）『新しい児童心理学』白水社。

ベネッセ教育総合研究所（2016）「幼児期から小学一年生の家庭教育調査・縦断調査

速報版」
http://berd.benesse.jp/up_images/research/20160308_katei-chosa_sokuhou.pdf（2017年９月20日最終閲覧）
文部科学省（2017）「「平成26年度就学援助実施状況等調査」等結果」
http://www.mext.go.jp/component/a_menu/education/detail/__icsFiles/afieldfile/2017/04/03/1362483_18.pdf（2017年９月20日最終閲覧）

（山口　裕毅）

コラム　私の原理・原則　2

自分に自信をもてる人を

「先生，俺って生まれてこん方がよかったんかねえ？」
「どうして？どうして，そう思うん？」
「だって，俺なんか親に捨てられたと同じことなんよ」

何と悲しい言葉でしょう。放課後の中学校。保健室での会話です。この言葉を何度聞いたことか，何人の生徒から聞いたことか知れません。その中学校には，在校生約550人のなかで，児童養護施設から通う生徒が30人くらいいました。

保健室には一日中，多くの生徒が入れ替わり立ち替わりやってきます。もちろん負傷したとか体調が悪いという理由で来室する者もいますが，彼らの言葉を借りるなら，ただ「何となく」やってくる生徒も大勢いました。児童養護施設からの通学生徒も頻繁に訪れました。放課後の保健室で私と二人きりになれるのを待ちわびていたかのように，いろいろな話をしてくれました。

私は40歳代半ばまで養護教諭として公立の小・中学校で勤め，保健室で児童・生徒の心や体に関係した多くの健康課題と向き合ってきました。ある時期からは性教育にも力を注ぎました。それは，性教育を通して子どもたちに自分の命，自分の体や心に真剣に向き合わせたいという強い思いからでした。そのきっかけとなったのが，冒頭の会話です。

私から生徒に生い立ちを尋ねることは，けっしてしませんでした。でも，やがてポツリポツリと，自分からこれまでのこと，親への思いを話し始めます。そんな子どもたちの話しを聞きながら，「生まれてよかった」と思ってほしい，「捨てられた命」ではなく「生かされた命」と捉えてほしい。一度きりの人生を素敵に生きてほしい。「今から」をぜひ大切にしてほしい。そんなことを強く思っていました。

その思いは，児童養護施設から通学していた生徒に限らず，すべての生徒に対する願いへとつながっていきました。自分が自分であってよかったと実感できる経験を一度でも多くしてほしい。自分の存在に自信をもち，最も自分らしい生き方に挑戦してほしい。その思いが強くなりました。

誰に対しても，その人の自己肯定感を高める教育活動を行っていく。これが私の教職生活の軸足，不変のポリシーとなりました。養護教諭の後，私は教育研修所の研究指導主事として教員の現職研修を企画運営する担当者となりましたが，そこでは教員一人ひとりが，自分の良さや持ち味を十分に生かした教育実践ができ，やり甲斐を抱けるよう，研修内容や手立てを意図的に仕組みました。

小学校の管理職になってからは，教育活動全般を通して，児童一人ひとりの自己肯定感を高めることを柱とした学校運営，学校経営に務めました。児童が自分に自信をもつためには，学力の定着も不可欠です。そのため，「わかる，できる，認められる」をキーワードに，教職員一丸となった楽しい授業づくりを率先していきました。

今，私は大学の教職センターで教員を目指す学生たちに指導や支援を行っています。でも自分の教育観を学生に押しつけるつもりはありません。私との関わりのなかで，ていねいな関わりをされることが心地よさや安心感を生むこと，認められることや褒められることが次への意欲につながることを，学生自身に実感してほしい。そして今度は，教員になったときに，子どもたちや周りの人たちのためにその力を発揮できる人材に育ってほしい。そのことを願って教育活動にあたっています。人を育てる営みを行う者は，自分もある種の自信や成功体験をもっておくことが必要です。

これまで，稚拙な私を認め，支え，導いてくださった多くの方々との出会いがありました。それが私の教職生活の糧になっています。このことに心から感謝し，その恩義に報いるためにも，それを次の世代に伝え育てることが，私の教職生活の「最終章」だと思っています。

（佐々　廣子）

第3章 教育の思想・理念

私たちは，家庭や学校など，さまざまな場面で「教育」と呼ばれるものに出会っている。「教育」という言葉を耳にしたことがない人は，おそらくいないだろう。では，改めて「教育とは何か」と問われたらどうだろう。簡潔に答えることは案外難しい。まるで空気や水のように，教育はごく普通の，ありふれたものとして，現代の私たちの身近に存在している。だからこそ，その教育を意識すること，相対化して語ることは容易ではない。

本章では，代表的な教育思想を参考にしながら，これまで教育という概念がどのように論じられてきたのか，また教育は何を目指して行われてきたのかを考えていく。さらに，公教育制度としての学校教育がどのような歴史的背景のもとで誕生し，いかなる課題を抱えているのかを吟味したうえで，今後，それが向かおうとしている先についても考えてみたい。

1　教育とは何か

（1）なぜ教育は必要なのか

①「教育」という言葉

私たちが「教育」という訳語をあてている英単語は education であるが，この education の語源をさかのぼってみると，ラテン語の educatio に行きつく。さらに educatio の語は educare という動詞に由来しているといわれており，古くは「栄養を与え養う」という意味で，人間だけでなく，動物や植物に対しても使われていた表現だった。また，ラテン語には educare とは別に「外に連れ出す」という意味の educere という動詞があり，この２つが歴史の流れのなかで結びつけられていき,「子どもの能力を引き出すように教え育てること」を意味する言葉になっていったと考えられる。

ところで,人間には,どれだけの能力が生まれながらに備わっているのだろうか。教育は大切な営みだということはわかっていても,私たちが用いているさまざまな能力のなかで,いったい何がどれだけ教育の力によるものだといえるのだろう。

② ポルトマンの生理的早産説

馬や牛,鹿などの赤ちゃんが,生まれてから数時間もかからないうちに自力で立ち上がる姿をテレビなどで見たことがある人も多いだろう。もちろんこれは,自然界で外敵から身を守り,自らの力で生きぬいていくために必要なことだ。一方,人間の赤ちゃんの成長過程に目を向けてみるとどうだろう。自力で立つことはもちろんのこと,手足を自由に動かすこともできず,生活に必要なことはほとんどすべて周囲の人間に世話をしてもらわないといけない。このように,ほ乳類に比べ,人間の赤ちゃんが未熟な状態で生まれてくることから,スイスの生物学者アドルフ・ポルトマン(Adolf Portmann:1897-1982)は生理的早産説を提唱した。それは次のような説である。

人間が他の動物のようにある程度自立した生活を送れるようになるには,おそらく21ヶ月程度は必要なはずである。しかし,実際には10ヶ月ほどで生まれてくる。人間は生物学的にみて一年ほど早産なのである。では,なぜ人間は早産なのだろうか。二足歩行になったことで,人間の骨盤は狭くなり母親は胎内に子どもを長くとどまらせることが困難になった。また脳が発達したことで頭部が大きくなり,21ヶ月も胎内にいれば産道を通れなくなった。これらが影響し,人間は必然的に「早産」にならざるをえなかった。ポルトマンは,こう考えたのである。

生まれながらに備えている能力に乏しい状態で誕生することは,生物としては不利であるように思われるかもしれない。しかし,ポルトマンがいいたかったことは,未熟な状態で生まれるからこそ人間は周囲の環境から多くの刺激を受けて発達していく可塑性をもっているし,他の動物に比べてそれだけ多く成長・発達の可能性があるということなのである。生きていくために必要な能力の多くを生まれた後に時間をかけて身につけなくてはならないということは，それだけ保育や教育の役割が重要だということになる。

③ 人間社会からの隔離

人間にとって保育や教育は重要であるわけだが，適切な教育の機会を与えられなかったとしたら人間はどうなってしまうのだろうか。こうしたことを実験的に試みるわけにはいかないが，いわゆる野生児と呼ばれる子どもについての記録が，教育について考えるためのヒントを私たちに与えてくれる。教育を受けずに，野生で育ったとされる子どもが発見された記録が残っているのである。

アマラとカマラは，1920年にインドの森のなかで発見された姉妹である。二人を救出したキリスト教伝道師のシングによると，発見当時の推定年齢はアマラが１歳半，カマラが８歳だった。シングは，二人を「狼に育てられた子」であると主張した。孤児院に保護されて以降，二人は四つ足で移動したり生肉を好んで食べたりするなど，狼のようなふるまいをしたという。年少のアマラは一年後に亡くなり，年長のカマラは，二足歩行の能力や言語能力を獲得する訓練を受けたものの，発見から約十年後に亡くなっている。こうした逸話から，人間は適切な環境のもとでなければ人間としての能力を獲得することはできず，その能力の発達にはそれに適した時期があるという結論が導き出されてきた。

ただし近年になって，シングの主張には創作や脚色が含まれているのではないか，狼少女は実は存在していなかったのではないか，との指摘がなされている。狼が人間の子どもを育てるとは考えにくい。二人に障害があったせいで納屋に隔離され，その間，十分な育児がなされなかったのではないか，という見方である。ともあれ，二人の少女が自らの力で社会生活を送ることができなかったことは事実であり，私たちはそこに目を向けるべきだろう。適切な時期に適切な方法によって養育がなされなければ，人間は人間らしく生きていくこともままならない。

（2）教育の目的は何か

人間が自らの力で生きていくために教育という営みは不可欠である。では，具体的に，どのような教育が必要なのだろう。読者の皆さんも，これまでの学校生活で学んできたことがどんな意味をもつのかと考えたことがあると思う。そこで自分が納得できる答えが見つかればよいのだが，学ぶ内容に意味を見出せなかったとき，その学びは大きな苦痛になってしまうことだろう。だからこそ，何を学ぶのかを問うことは教育について考えるときの重要なテーマであり，これまでも多くの教育学者たちがこの問題をめぐってさまざまな思想を構築してきた。

たとえば，近代ドイツの著名な哲学者であるイマヌエル・カント（Immanuel Kant：1724-1804）は，「人間は，教育によってのみ人間になる」という言葉を残している。人間が人間になるという表現だけをみると，理解に苦しむ面があるかもしれないが，ポルトマンの早産説やアマラとカマラについて学んだ私たちであれば，カントが意図しているところを理解できるのではないだろうか。つまり，人間はただ生まれただけでは人間として生きていくことはできず，適切な形でのケアや教育を受けてこそ，人間らしく生きることができるということだ。こうした考えに基づいて，カントは道徳教育の重要性を訴えたのだが，もちろん，どのような教育が必要であるかは時代や場所が違えば多少なりとも異なるものである。

ここからは，代表的な教育思想家たちの主張に耳を傾けてみて，それぞれの時代にどのような教育が求められていたのかを読み取っていくことにしよう。

① コメニウス

最初に紹介するのは，17世紀に活躍したチェコ出身の思想家ヨハン・アモス・コメニウス（Johann Amos Comenius：1592-1670）である。近代教育学の祖として位置づけられるコメニウスの教育思想は，「すべての人にすべての事柄を教授する」という言葉に集約されており，汎知学とも呼ばれる考え方である。この言葉は彼の主著『大教授学』の副題にも採用されている。コメニウスが生きた17世紀のヨーロッパは，宗教の対立を発端とした三十年戦争に象徴されるように，まさに激動の時代だった。彼は自らの故郷を追われ，長い亡命生活を経験している。そうした苦境のなかで，これからの世界がどうなっていくかも分からない社会を，どうにかして生き抜いていける人間を育てるための教育が必要だと考えた。

▶コメニウス

ただし，「すべての事柄を教授する」といっても，実際に世界のあらゆる事柄を教えることは現実的ではないし，ただ物事を知っているだけで，それを役立てることができなければ意味がないということをコメニウス自身も認めていた。重要なのは，世界のあり方を正しく理解し，その世界を生きていくために適切に行動できる人間を育成することだった。

そこでコメニウスが重視したのが，言葉の教育である。なぜなら，そもそも教育という営みの前提となるのが文字の読み書きだからである。コメニウスは，学習者がむやみに語彙を暗記するのではなく，具体的な事柄に関連づけて言葉を覚えられるようにするために，『開かれた言語の扉』という語学教科書を著した。この本はヨーロッパの各国語に翻訳され，当時のベストセラーとなった。

さらにコメニウスは，子どもたちにとってわかりやすい教材の開発にも力を入れた。初めて言葉を学ぶ子どもたちにとって，言葉を通して世界のあらゆる事柄を理解することはそう簡単ではない。複雑な観念を持ち合わせていない子どもたちには，言葉と実際の事物とを結びつけて教えるほうが効果的である。このように，事物そのものを観察し，その事物の性質について探求させることを通して教育することを直観教授と呼ぶ。コメニウスは，直観教授を重視する立場から，図や絵といった媒体を使いながら学ぶことができる『世界図絵』を完成させた。『世界図絵』は世界で初めての絵入り教科書として，世界中で普及することになった。

② ルソー

次に，18世紀フランスの思想家ジャン＝ジャック・ルソー（Jean-Jacques

▶ルソー

Rousseau：1712-1778）の思想を取り上げたい。ルソーは政治経済や芸術などさまざまな領域に関する著作を残しているが，教育の分野で最も知られているのが小説『エミール』である。そこには，エミールという男の子が生まれてから結婚するまでを一人の教師が導いていく物語が全5篇にわたって描かれている。長編小説『エミール』でルソーが展開している教育思想の要点は，第1篇の最初の一文に象徴的に表現されている。「万物を創る者の手を離れるときすべては善いものであるが，人間の手に移るとすべてが悪くなる」というのがそれである。大人が子どもに対してあれこれ教え込むことは，子どもたちにとってけっして良いことではない。ルソーは，子どもには子どもの感じ方や考え方があり，それに合わせて子どもと関わり合うことが大切であると訴え，「消極教育」という考え方を展開した。

では，ルソーはなぜ消極教育という考え方に至ったのだろう。その背景には，彼が生きていた時代の文明社会に対する不信感があった。文化や学問，芸術が進歩していくにつれて，人間はより豊かに，より幸福になっていくように思われていた。しかしルソーの目には，人々が必要以上の欲望をもち，ぜいたくを求めるようになり，むしろ堕落しているように映ったのである。そこでルソーは，自分に必要な欲望と，それを満たす力をもった人間を育てることを教育の目的として位置づけたのである。本来，子どもは自分にとって不可欠なものに対する欲望しか抱くことはない。しかし，それが周囲の環境から影響を受けることで，必要のないものへの欲望を駆り立てられるようになり，欲望と力のバランスは崩れてしまう。ルソーが消極教育を説いた理由はまさにここにある。彼は，子どもに必要な事柄を必要な時に提示することこそが本当の教育であると主張したのである。

③ ペスタロッチ

▶ペスタロッチ

教育思想家として三人目に取り上げるのがヨハン・ハインリヒ・ペスタロッチ（Johann Heinrich Pestalozzi：1746-1827）である。1746年にスイスで生まれたペスタロッチは，今日ではルソーと並ぶ教育思想家と評されているが，彼自身は社会に出てすぐに教育に関する著作を発表したわけではなかった。

幼いころ牧師になることを夢見ていたペスタロッチは，農業地帯にある地方の教会に出向いた際，その生活実態の貧しさを目の当たりにし，農業改革家になることを志すようになった。若くして農園の経営に携わるようになったものの，事業は行き詰ってしまい，それを機に彼は貧民への教育に関心を向けるようになる。

教育実践家としての道を歩むようになったペスタロッチは，農園の近隣で暮らしていた貧児や孤児を集めて，子どもたちが大人になったときに経済的に自立できるような職業的技能や知識を教えることに力を注いだ。この取り組みは貧民の救済事業としてヨーロッパ各地から注目されるようになり，ペスタロッチはその教育思想を『隠者の夕暮』という著作にまとめた。

さらにペスタロッチは，自ら子どもたちの教育に携わるだけでなく，同じ志をもった有能な教師を養成するために，自身の教育実践をふまえた方法論を伝えるための著作を次々と発表するようになった。『ゲルトルートはいかにその子を教えるか』等に描かれた教育方法は，「メトーデ」と呼ばれている。メトーデの特徴は，子どもの自然の歩みに合わせ，曖昧な直観を明晰な概念へと導くというものである。つまり，さまざまな知識を言葉によって教えるのではなく，子どもたちの感覚器官を通して教えていくのである。自然主義や直観教授という言葉で表すことのできる彼の方法論には，コメニウスの影響を見て取ることもできる。

ペスタロッチの教育活動や教育思想は後世の著名な思想家たちにも大きな影響を与え，幼稚園の創設者であるフリードリヒ・フレーベル（Friedrich

Fröbel：1782-1852）や，学問としての教育学の体系化を成し遂げたヨハン・フリードリヒ・ヘルバルト（Johann Friedrich Herbart：1776-1841）などに受け継がれていった。

ここで紹介した思想家たちは，それぞれの時代のなかで，自らの問題関心に応じて「教育とは何か」という問いへの答えを導き出していった。各思想家のどの思想に注目するかは，読者によって異なってかまわない。彼らの考えを手がかりにして，みなさん自身の教育観を問い直してみてほしい。教育思想家たちは，その時代の中で独特の視点をもっていた存在であり，彼らが生きていた社会の課題を鋭く暴き出し，それに対処できるような普遍的な理念を打ち出したことにその功績がある。私たちも，そうした彼らの姿勢に謙虚に学び，いま私たちが生きている社会が抱えている課題は何かを考え，その課題を解決するために必要な教育とはどのようなものかと問うことができる。古い時代の遠い国の人の考えと切り捨てた瞬間，あなたの学びのチャンスは消え失せる。

2　学校教育の思想と理念

（1）学校教育はなぜ必要なのか

①　公教育としての学校の誕生

教育思想が生まれる背景には，その時代が抱えている課題に対する問題意識が存在する。そして，その課題を克服できるような人間を育てるための教育理念や教育内容が形づくられる。教育思想の歴史をふり返ってみると，理念は学校教育という制度として現れてくるようになったし，教育の中心的テーマも学校教育に関するものになっている。学校が教育の中心を占めているわけである。

ここで改めてコメニウスの思想を例にとってみよう。現代の日本では誰しも学ぶ権利が保障されていて，それを私たちは当たり前のことのように思っている。だが，コメニウスの生きた時代には貧富の差や性別の違いに関係なくすべての人が等しく学ぶことはできなかったし，彼はそれを克服すべき課題として提起したのだった。それから年月を経て，「すべての人にすべての事柄を教授する」という理念が結実したのが「学校」という制度である。とはいえ，学校を広い意味での教育施設と捉えるならば，古代ギリシャでは哲学者プラトン（Plátōn：B.C. 427-B.C. 347）がアカデメイアで弟子たちの教育をしていたし，また，現存するイタリアのボローニャ大学は，ヨーロッパ最古の大学として11世紀に設置されている。しかし，それらはまだすべての人が通うことのできる施設ではなかった。それでは，学校という制度が一般大衆にまで普及していった背景には，どのような思想があったのだろう。

学校があらゆる子どもに開放された施設として，つまり公教育として整備されるようになった一つの要因は，18世紀にイギリスで始まった産業革命である。それまでの社会では，人々はそれぞれの仕事を主に手仕事として行い，そこで必要とされる技能は直接その仕事を通して学んでいた。知識は生活の中で身に付けるものであり，実生活から離れた学校で子どもを教育する必要などなかったのである。だが，産業革命以降，少しずつ仕事は機械化され，一連の作業工程が分断され複雑化していく中で，効率よく仕事を進めるために求められる技能も高度化された。産業革命の進展によって，家庭や地域の中で子どもを教育することはだんだんと難しくなり，必然的に，教育に特化した施設である学校の必要性が高まってくるようになったのである。

人々が産業社会を生きていくために，学校は国家による公教育として広まっていった。こうした社会の変化は，学校で取り扱われる教科にも影響を与えるようになった。従来は一部の人の勘や熟練に頼っていた技能が，科学的な知識や技術に転換することにより，知識も体で覚えるものから頭で理解するものへと変容したのである。

② コンドルセによる公教育の理念

国家が公教育を整備したことにより，誰もが等しく教育を受けることが一応は可能になった。公教育制度の完成は，人類の歴史のなかでも大きな進歩である。しかし，ともすると，公教育は国家にとって都合の良い人間の育成や，国民統合の手段として利用されかねない。すべての人が教育を受けることができるために公教育の制度は不可欠ではあるが，その目的を誤ってしまえば，公教

▶コンドルセ

育の役割を果たすことにはならない。そこで，すべての人間がよりよく生きるための公教育の制度を構想したのが，フランスの哲学者であり政治家でもあったニコラ・ド・コンドルセ（Marie Jean Antoine Nicolas de Caritat, marquis de Condorcet：1743-1794）である。

コンドルセが生きた時代は，フランス革命の時期と重なる。革命によって王権や特権が否定されるとともに，一人ひとりの人間が個人として尊重され，自由で平等に生きることのできる社会が実現されようとしていた。教育を受ける権利はすべての人に保障されるべきものであり，その教育内容としてコンドルセが重視したのが知識の教育だった。知識の進歩を促進し，技術がますます発展することによって，人々はこれまで以上に幸福になると考えてのことである。その一方で，宗教のように個人の内面に関わる内容は排除し，公教育を政治的な権威から独立させることを提案した。また，教育機会の平等を成し遂げるために，学校教育は無償とし，男女共学によって行われるべきだと主張した。公教育制度の原理や原則は，こうしたコンドルセの提案によってその大枠が完成し，その後も継承されていくこととなった。

（2）学校教育の目指すもの

① よりよい学校教育に向けて

産業化の流れが加速するにつれて，「資本主義」が教育のなかに入ってきた。学校は，社会で役立つ労働力を育てることを期待され，産業社会に必要な知識や技能，価値観が重視されていった。経済効率を求める声が広まり，少数の教師が多数の子どもを教える一斉教授の形態がとられるようになった。学校は集団での教育を正統なものとし，集団を率いて指導できる教師を力量のある教師とみなすようになっていった。

こうしたなかで，新たな学校教育のあり方を示したのがアメリカの哲学者ジョン・デューイ（John Dewey：1859-1952）であった。彼はシカゴの実験学校の校長として教育実践に深く関わり，その実践記録を『学校と社会』として著した。彼は，それまでの伝統的な学校教育が教師や教科書を中心にして展開されてきたことを疑問視し，子どもと教師，子どもと外的環境との相互作用を重視した。また，デューイは，子どもが成長するとはどういうことかという点に着目した。成長とは，ある一定の目標に到達することではなく，絶え間なく未来に向けて進んでいく過程であり，その過程そのものが教育の目的である。そうすると，子どもの成長は，ただ教科書を読んだり，教師の話を聞いたりしているだけでは期待できない。むしろ，生活と結びついた活動を通してこそ子どもは成長し，学ぶのである。さらに言えば，子どもは他の子どもと学び合うことによって，さらに成長することができる。デューイは教育を，子どもの成長に対する支援として位置づけた。人間は生きていくかぎり成長し続ける存在であり，教育という営みそれ自体が，手段ではなく目的であると考えたのである。

▶デューイ

② 学校教育への批判的な視点

デューイの教育論もそうだが，これまで学校教育の改善に向けてさまざまな提言がなされてきた。それらは，学校教育という制度そのものへの批判ではなく，制度の有用性を認めたうえで，より効果的な教育のあり方を模索するものだった。だが，現実に目を向けると，学校が常に理想的な機能を果たしてきたわけではないことがわかる。

教育病理といわれるようなさまざまな事象を前にして，学校に対してラディカルな批判を向けたのがイヴァン・イリイチ（Ivan Illich：1926-2002）であった。彼は公教育としての学校制度が広まっていった社会を「学校化社会」と呼び，その問題点を告発した。イリイチによれば，自分自身の力で生きていくということを自律という言葉で言い換えることができるならば，学びも本来は自律的ないし自発的に行うべきものである。それなのに，学校は学びの形態を他律的

▶イリイチ

なものに変えてしまい，人は教育されなければ学べない存在になってしまった。

学校があるから学校に行き，そこで提供されるものを学ぶ。それによって，子どもたちは学校という制度に依存するようになり，いつまでも自律することができない。実は病院も同じようなことを引き起こす「制度」としてイリイチは捉えていた。病院が普及すると，多くの人が病院に行くようになる。もちろん，それでよい。ところが，とにかく病院に行き，指示された通りの治療を受け，薬を飲む。そのことによって，社会からは承認され，正統性が与えられるかもしれないが，患者は病院という制度に従属し，自らの意思を失い主体性を失う。イリイチが批判したのは，このような状況である。真の意味での学びを取り戻すために，学校に依存することのない自学自習というかたちに教育の本来の姿を見出し，『脱学校の社会』という著作のなかでその主張を展開させたのだった。

さらに，イリイチとは異なる観点から，学校というシステムの隠れた側面に光を当てた人物として，フランスの思想家ミシェル・フーコー（Michel Foucault：1926-1984）がいる。フーコーは，近代のヨーロッパで誕生した学校教育という制度は，子どもの自由や主体性を伸ばすのではなく，むしろ規律訓練のための装置として機能していると主張した。これは，私たちの学校生活をふり返ってみるとよくわかる。生徒は朝礼に間に合うように学校へ行き，決められた通りに整列する。朝礼が終われば時間割に合わせて授業を受け，一定の時間内で給食や弁当を食べ，午後の授業が終われば下校時刻までに学校を出る。こうした一連の流れのなかで，私たちは自分自身を管理して，規律を身に付けるように訓練されているのだ。表向きは子どもの主体性や個性の尊重を謳っているものの，学校が実際に子どもたちへ伝えているメッセージは，学校という社会の秩序を維持するための服従化だということになる。

③ これからの学校教育

イリイチやフーコーが告発した学校教育の負の一面をふまえて，改めて学校とは何かという問題を考えてみよう。われわれ人間にとって，教育という営みが不可欠のものである理由は，生まれたままでは自分で生きていくだけの力を備えておらず，さまざまな技能を後天的に獲得していかなければならないからである。そうすると，イリイチが重視する自律は，あくまでも他者からのはたらきかけ，つまり他律を通してはじめて可能になるものだということができるだろう。また一方では，そもそも自律は大人になることによって完全に達成されるとも限らない。教育のあり方として，他律から自律を目指すという方向性は妥当であるとしても，デューイが成長そのものを目的として位置づけたように，自律は到達すべきゴールではなく，それを目指して成長していく過程そのものが教育の意義であると考えることもできる。

社会のなかで必要とされる知識や技術が多様化し，複雑化するにつれて，自分自身の力で生きていくということはますます困難になっている。人間は，そうした複雑化した社会に適応できるだけの知識や技能を駆使して生きていかなくてはならない。人間がよりよく生きるということは，社会のなかで他者と協調して生きていくということであり，社会生活と離れたところに独立した主体性や自由があるというわけではない。

もちろん，イリイチやフーコーが論じた学校の問題点をまったく無視してよいわけではない。だが，あくまでも学校の主役である子どもたちの声に耳を傾けて，よりよい学校教育のあり方を模索していくことが必要である。

本章で紹介したさまざまな思想から読み取れるのは，一人ひとりの人間がよりよく生きるために必要な知識や技術は何かを追求し，それを後世に伝えていく営みとして教育が行われてきたということである。それぞれの社会が抱える課題や求める人間像によって具体的な教育の目的や内容は変化し，それに応じていくつもの教育思想が生まれてきた。そして今，私たちが生きている現代を象徴するキーワードは，情報化，少子高齢化，グローバル化など，いくつも挙げることができる。そうした現代の特徴をふまえて，それに対処するために必要なものを考えることにより，理想の教育像がよりはっきりと浮かび上がってくるのではないだろうか。読者のみなさんは，教育という営みに何を求め，何を期待しているだろう。

学習課題

① コメニウスは「すべての事柄を教授する」という汎知学を提唱した。しかし，限られた時間で行われる学校教育で，世の中のすべての事柄を教えるのは難しい。そこで，これからの時代を生きる子どもたちにとって特に必要とされる教育内容は何かを話し合い，具体例を３つ挙げてみよう。

② デューイは，子どもの生活と学校での学びとを結びつけることを訴えた。その考え方は，現在の日本の学校で取り入れられている「総合的な学習の時間」にもつながっている。では，「総合的な学習の時間」の学びをより豊かにするためには，どんな内容を取り入れると良いだろうか。単元計画を作成してみよう。

参考文献

今井康雄編（2009）『教育思想史』有斐閣。
教育思想史学会編（2000）『教育思想事典』勁草書房。
眞壁宏幹編（2016）『西洋教育思想史』慶應義塾大学出版会。
森田尚人・森田伸子編（2013）『教育思想史で読む現代教育』勁草書房。
山﨑英則・徳本達夫編（2001）『西洋の教育の歴史と思想』ミネルヴァ書房。

（鈴木　宏）

コラム　私の原理・原則　3

日記から広がる愛

小中学生の頃に書いていた「生活日記」を覚えている人も多いでしょう。先生が書いてくれたコメントで，何か記憶に残っているものはありますか？　生活日記は，ただ生徒が書いて先生に提出するもの。先生からのコメントなど記憶に残っていない。そう感じている人もいるかもしれませんね。でも教師としての私は，この生活日記をとても大切にしています。生活日記は，担任教師と生徒はもちろん，生徒同士の人間関係を豊かにしてくれる存在だと信じています。

私に生活日記の素晴らしさを教えてくれたのは，先輩教師のＡ先生でした。当時，教師になりたての私は，自分のクラスの学級経営がうまくいかずに悩んでいました。でもＡ先生のクラスはとても楽しそう。強い絆で結ばれていることが私にも伝わってきます。「いったい何が違うんだろう？」私は，Ａ先生の学級経営に学ばせていただくことにしました。

なかでも特に印象深く，教師としての私を変えてくれたのが，生活日記に対するＡ先生のコメントでした。それは実に愛情あふれるもので，しかもたっぷり書いてありました。もちろん当時の私も日記にコメントは書いていましたが，自分のクラスを少しでもよくしたいという思いだけが上滑りするかのように，気づかないうちに小言や注意が多くなっていたのです。Ａ先生のコメントは愛情を注ぎ，生徒を受けいれるコメント。私のものは，生徒に対して一方的に求めていくコメントだったのです。

通常，教師は「空き時間」と呼ばれる，自分の担当する授業がない時間に日記へのコメントを書き終えなければなりません。「よかったね」などの簡単な一言やスタンプの押印ですませる教師もいますが，Ａ先生は違います。空き時間を十分に使い，足りなければ時間を作り出してでもしっかりとコメントを書いていました。

それだけではありません。Ａ先生は毎日３名分の日記を選び，小筆を使ってそれを別紙に書き出して，教室内に掲示していました。もちろん時間はかかるでしょうが，その仕事ぶりは至ってしなやかで，疲労感など微塵もありません。生徒たちも，クラスメートが今どんなことに興味をもち，何を思って過ごしているのか興味津々。「小筆日記」をよく読んでいました。

「あなたがやってみたいと思ったことは，どんどん真似していいよ」。こう言ってもらった私は，とにかく見様見真似で愛情あふれるコメントを書き，そして「小筆日記」を始めました。以来十数年，私は次のことを心がけています。

「学級開き」の段階で，私が生活日記をどれほど大切に考えているか，日記を書き続けることでみんなにどんな力がつくかを，まず丁寧に話します。そして日記は，一日分のスペースにたっぷりと，自分の「心」を中心に書くこと，毎日必ず提出することを約束事にします。また，提出された日記をクラス内でスピーチしてもらうことがあること，「学級だより」に掲載することもあること，他人に知られたくない内容の場合は「スピーチ×」などと書いておけば絶対に紹介しないことを伝えておきます。

年度当初は，みな期待と不安，やる気に満ちています。コメントは，「先生はあなたのことを大切な一人として見ていますよ。あなたがクラスにいてくれてうれしいし，あなたの成長を願っています」ということが伝わるものにします。私は日記の中で生徒を「愛称」で呼び，生徒が書いた内容に関する私自身の情報も伝えます。生活日記を「一方通行」にしないためです。そして何より，愛情あふれるコメントをクラスの一人ひとりにたっぷり書くようにしています。すると生徒は全員が毎日日記を出し，私からのコメントを楽しみにしてくれるようになります。日記を他の生徒に紹介することでクラスメートの心が伝わりやすくなり，クラス全体が温かい空気に包まれていきます。

たかが日記，されど日記です。教師が思いをもって取り組めば，それが「愛」そのものになると確信しています。「辛いときには先生の日記のコメントを読み返して元気を出しています」という年賀状が卒業生から届くとき，生活日記のやりとりが今もかたちをかえて続いていることを実感します。教師になってよかった。そう思える瞬間です。

（中原　恵子）

第4章

教育の歴史　西洋

現在の我が国では，教師が問い，児童・生徒から答えを引き出す教育が学校教育における主流な形態となっている。一方的に知識を注入するような教育は，少なくとも公式には支持されてはいないし，そのようなスタイルが支配的であるとも思えない。それでも，学校といえば先生が生徒に答えを与える場と捉えている人はいる。学校批判を展開する人が前提としがちなのも，この学校観，つまり，知識注入主義的学校観である。

ところで，近年では，児童・生徒が自ら考え，論じ合う形式の教育も進みつつある。「考え，議論する道徳」もそのひとつである。学校は，教師と児童・生徒とが，互いに対話を通して課題に取り組む場になりつつある。知識注入主義的学校観を採っていた人たちは，教師から児童・生徒への一方的な知識注入の場であった教室空間を対話的共同体へと作り替える，これまでとはまったく異なる方向性のものだとみなすだろう。しかし別の人たちは，そもそも共同体であった教室を一層対話にあふれたものにしていくプロセスと捉えるだろう。いずれにしても，対話する，哲学することに注目が集まっている。

さて，本章は古代から現代までの教育思想を 3 つの区分に分け，それぞれ「真理」をどのように捉えたのかという視点からその流れを追うことで西洋の教育の歴史について学ぶ。すなわち，(1)真理を目指す教育が行われていた古代・中世，(2)神（真理）を模倣する教育から真理としての知識を授ける人間中心主義的な教育への過渡期であった近世・近代，そして(3)真理の問い直しというかたちで教育そのものを問い直していく試みがなされている現代，以上の 3 つの区分から教育思想の展開を追っていく。

1　古代・中世の教育思想——真理を目指す教育

古代・中世の教育思想の特徴は，真理を目指すことにある。古代の考え方は，真理とはなにかは断定できないが，とにかく真理というものがあるのでそれを目指すというものであった。それが中世に入ると，キリスト教の影響のもと，真理は神と同義になり，神を目指す教育が試みられるようになる。以下，ソクラテス（Sôkratês：B.C.469-B.C.399），プラトン（Plátōn：B.C.427-B.C.347），アウレリウス・アウグスティヌス（Aurelius Augustinus：354-430）を中心に，どのような教育が展開されたのかをみていこう。

（1）普遍的価値の追求における道徳教育の側面

古代において，教師はなにか特定の知識を教える者ではなく，ソクラテスに代表されるように，教師自身も真理とはなにかは知らないが，真理というものがあり，それを目指すような教育が行われていた。このような教育がなぜ出てきたのかというと，善悪や道徳に関する伝統的な考えがソフィスト（知者）たちによって相対化されてしまったからである。

紀元前5世紀半ば以降の古代ギリシアでは，ソフィストたちが授業料をとって，言葉によって説得する技術，つまり弁論術を市民に教えていた。というのも，この弁論術は，アテナイで取り入れられていた直接民主制において，集会で市民が市民の心を動かし賛同を得るためとても有効な術だったからである。しかし，彼らの弁論の仕方は，その場その場の状況に応じて判断し，説得していくものであり，加えて民主国家アテナイでは，一人ひとりの多様な見解が尊重されていた。それゆえ，善悪や美醜といった価値は，それぞれの個人や民族によって異なると主張する相対主義が生じ，既存の道徳観が揺り動かされたのである。

こうした状況において，「善とはなにか」，「美とはなにか」といった普遍的価値を追究するソクラテスが登場する。それぞれが考える善を認めるならば，なにかを決定するには，その都度，状況に応じて人びとを説得させるかたちで物事を判断していく必要があるわけだが，ソクラテスは，むしろ全員が納得できる真理が存在し，あらゆる状況に該当するような普遍的な価値を追究すべきだと考えた。

その際，彼は，自ら知識を有すると思っている知識人たちや青年たちに，「勇気とはなにか」「正義とはなにか」と質問し，相手の答えを入念に吟味し，最終的にそれを反駁していった。彼らはソクラテスの問いに答えることができなかったが，しかし，ソクラテスもまたその答えを知っていたわけではない。ソクラテスはそうした普遍的価値を自分は知らないということを自覚していた。ソクラテスは正解を知らないが，知らないからこそ，相手の答えに質問を重ねることで，相手が自ら新たな答えを見いだすことができたのである。それゆえ，知らないということを知っているという「無知の知」に基づく問答法によって，真理へと向かうことが目指されたのである。

（2）真理に向かう自己変容のプロセス

ソクラテスは，あらゆる状況に妥当する普遍的な真理を想定し，それを対話によって追求していった。彼の弟子プラトンは，ソクラテスの思想を継承したが，ソクラテスと違って，普遍的な存在はこの世界のかなたに存在していると考えた。私たちが現在生きているこの時間とこの空間を超えたところに存在する真の存在を，プラトンはイデアと呼び，イデア論を展開する。

それまでは，現世における成功，たとえば私たちが生きている世界での名声を得ることが教育の目的だったが，プラトンは現世における成功ではなく，来世においてイデアの世界に帰還するための準備が教育の目的だと考えた。彼の有名な著作『国家』第七巻の「洞窟の比喩」では，まさに彼のこの思想が描かれている。

「洞窟の比喩」では，人間は小さいころから洞窟の奥の薄暗い壁に顔を向けて縛られた囚人として描かれている。囚人は後ろで燃えている火が壁に投影する幻影しか見ることができない。誰かが彼の縄を解いたとしても，振り向き，火を見た瞬間に目に痛みを覚えてもとの境遇に戻ってしまう。したがって，囚人が解放されるためには，少しずつ目を光へと慣らしていくことが必要となる。

そうすることで，彼は火を見，さらに洞窟の外へ出て事物を見，最後にはすべての光の源である太陽を見ることができる。

このように，教育は人間を超えた超越的な存在に向かう自己変容のプロセスとして考えられていた。実際，プラトンは自身が設立した学校であるアカデメイアで経験的な世界から出発して徐々に光に慣れていくように，つまりイデアの世界へと順応していくように，数論・幾何学・立体幾何学・音楽・天文学・弁証法という順序で考えている。

（3）神の似姿としての人間を目指す教育

プラトンは，イデアを絶対的な基点とし，イデアとの関連のなかで人間存在を捉え，イデアへと導くものとして教育を理解していたが，キリスト教ではその基点は神に相当する。たとえば，古代キリスト教の教父アウグスティヌスはつねに神を基準にして教育について考えている。『聖書』に描かれているキリスト教の世界観によれば，人間はもともと「神の像（imago Dei）」あるいは「神の似姿（similituido Dei）」として創造されたにもかかわらず，アダムとイヴが犯した罪によって，私たち人間はみな神を忘れ，自己のためにすべての被造物を利用し自分の利益を追求しようとする罪人となってしまった。それゆえ，堕罪後の人間にとって「神の似姿」としての人間は，目指すべき理念となった。

では，神の像を目指す教育はどのようなものかというと，それは人間によってではなく，神によって可能なものである。アウグスティヌスは，罪人となり私利私欲に走る人間においても，神を求める原動力は備わっていると考えた。しかし，その原動力を動かす契機となるのは神であり，「神の似姿」としての人間を完成させるのも神でしかないという。私たちは神によって変容されるのであり，神の働きがあってこそ，結果として私たちは変わるのである。したがって，アウグスティヌスの思想においては，真の教師は神しかいない。人間の教師としての役割は，あくまでも教育者としての神に協力することでしかなかった。

中世においては，基本的に学校というと修道院や教会附属の神学校が主であり，そこでは三学と呼ばれる文法学・修辞学・弁証学，四科と呼ばれる算術・

▶ルター

幾何学・天文学・音楽という学芸を段階的に学ぶことで，真理へと，つまり神の探求（神学）に至る教育課程が築かれていた。

しかし中世も末期になると，このような段階を追って真理へと向かう方法ではなく，むしろ真理，つまり神は『聖書』のみに記されているのだから，『聖書』を学ぶべきだという教育方針へと変わっていく。神の似姿としての人間の再創造は，つねに読み書きの能力を前提とし，『聖書』という文字テキストを各人が個人として読むという経験から始まる。そうであるからこそ，マルティン・ルター（Martin Luther：1483-1546）は『聖書』をドイツ語訳し，ドイツ国内にキリスト教的学校を建て，すべての子どもたちをそこに通わせようとした。

中世においては，人間として生まれた私たちは「神の似姿」としての「人間」にならなければならないという教育観，つまりキリスト教的人間としての基礎教養と信仰をもって，「神の似姿」にふさわしい生き方やあり方をめざしていた。そのための人間的努力と援助が当時の教育であった。

2　近世・近代の教育思想
──人間中心主義，科学的な知識を教授する教育へ

人びとは自分の力では正しい知識を得ることができず，正しい知識は神によって与えられると考えられていた中世から，ルネサンス期に入ると，人間の内面的な可能性に目が向けられ，同時に印刷術の普及と航海術の進歩によって人間が知ることのできる世界が一挙に広がった。これにより，理性を働かせれば人間は正しい意識を得ることができるという考えが次第に普及していく。いわば教会中心の価値観から人間中心の価値観への移行である。それにともない教育対象は，キリスト教を信じている人のみならず，信仰していない人たちも含まれるようになっていき，教育内容や方法も一般的なものになっていく。

▶ロック

（1）子ども中心の教育

最後の宗教戦争である三十年戦争が終結したあと，ヨーロッパにおける宗教的情熱は次第に消失していった。その後は伝統や宗教的なものの見方を批判し，理性の自立を主張する啓蒙主義の思想が広まっていく。人間は正しい「理性」によって真実を認識でき，人類の幸福を得ることができる。そのため，人間の理性を目覚めさせ，それに基づく新しい市民社会の担い手をどのように育成するかが模索された。

このような啓蒙主義に大きな影響を与えたのがジョン・ロック（John Locke：1632-1704）である。彼は，ジェントルマン教育において，苦を避け快楽に走る自分自身の傾向や欲望を抑制する理性の必要性を説いた。だが，このような理性は突然身に付くものではないし，生まれたばかりの子どもの心は「白紙（タブラ・ラサ）」であり，知識や観念は経験によって獲得されるため，幼児期からのしつけ，つまり身体や精神の訓練を通した良き習慣の形成が大切になる。ロックにとって教育とは，理性的人間になるための援助であった。

ジャン＝ジャック・ルソー（Jean-Jacques Rousseau：1712-1778）やヨハン・ハインリヒ・ペスタロッチ（Johann Heinrich Pestalozzi：1746-1827），フリードリヒ・フレーベル（Friedrich Fröbel：1782-1852），マリア・モンテッソーリ（Maria Montessori：1870-1952），ジョン・デューイ（John Dewey：1859-1952）もまた，教育とは何らかの知識を教えることではなく，人間が人間になるための支援にすぎないと考えた。彼らはロック同様，子どもが実際に経験することを重視した。経験とは感覚器官を使った認識のことであり，それが知的な理性の基礎になっているので，まず子どもの状態を尊重し，子どもの自然な発達のなすがままにしておくような教育のあり方を主張した。

（2）教育対象の拡大

ルネサンスの時代，富と閑暇を手にした上層市民がギリシア・ラテンの古典語による文学や歴史の学習を教育の重要な核とみなし，古代作家の作品を読むことに人間形成的意義が与えられた。このような思想は現代においても教養教育の理念において生きている。しかし，時代が進むにつれ，古典は重視されたものの，暗記中心の学習は批判されるようになった。近世の終わりになると教育の内容と方法は大きく革新される。その革新を行ったのがヨハン・アモス・コメニウス（Johann Amos Comenius：1592-1670）である。

彼は，「あらゆる人にあらゆる事柄をあらゆる側面から教授する」という教育の理想を掲げ，私たちにもなじみ深い近代学校の構想を打ち立てた。それは年齢ごとの学年編成や同一学年齢者に対する同一教科書の使用，また教師一人に対する多数の生徒という一斉授業の構造などであったが，教授すべき「あらゆる事柄」の内容は，来世において神と共にある永遠の生に向かう準備に必要なものであった。当時の社会構造は身分制度であり，教育を受けられるのは貴族階級だけであったため，階級も貧富の差も性別も障害の有無も一切関係なく平等に教育を受けるべきだというコメニウスの理想は，われわれの公教育体制の思想的基盤に位置づけられる。だが，その内容は依然として神の言葉が記された『聖書』が中心であった。『世界図絵』も神に始まり神に終わる，一連の世界を示したものである。

（3）教会から国民国家の学校へ

15世紀から16世紀にかけ科学技術は進展した。コペルニクスは地動説を唱え，羅針盤の発明で大航海時代が到来し，印刷術の発展が多くの人を「知識」にアクセスできるようにした。ヨーロッパ人にとってそれまでとは異なる文化や伝統を知る機会が到来したわけだが，それは客観性をともなう知識が重要性を増していったことを意味する。すべての国民が正しい知識に基づいて合理的に判断・行動できるようなる，そのための教育が必要とされるようになった。

教育の担い手は，教会から国民国家へと移っていった。たとえばニコラ・ド・コンドルセ（Marie Jean Antoine Nicolas de Caritat, marquis de Condorcet：1743-1794）は，科学的根拠に基づく真理を公教育の内容とし，近代公教育の基本原則（公立学校の無償，奨学制度，男女共学）を提案した。ヨハン・ゴットリープ・フィヒテ（Johann Gottlieb Fichte：1762-1814）は長年分裂してきたドイツの再建は教育によってなされるべきだと主張した。各国で国民のための教育が構想され，それが，義務性，無償性，宗教的中立性の三原則を備えた近代学校教育制度につながっていく。

（4）科学的な教授法の普及

義務教育の普及や義務教育年限の延長，学校教育制度の一本化などによって学校教育は次第に整備されていき，教育方法もそれにあったものが考えられるようになった。たとえば，複数の子どもを教えるさいに，教師は子どものその都度の状況に応じて，臨機応変に的確で素早い判断を行わなければならないが，それができるようになるには教師としての実践が必要となる。だが，教師は経験を十分に積んでから教壇に立つわけではないため，ヨハン・フリードリヒ・ヘルバルト（Johann Friedrich Herbart：1776-1841）はこの臨機応変の素早い判断を習得することを科学によって準備することが可能だと考えた。ここでいう科学とは，教育実践を基礎づけ，その見通しをあらかじめ与えるような知識体系のことである。つまり，教育上の重要なポイントを示した知識の体系を携えていれば，よりよい教育を施すことができると彼は考えたのである。

この知識体系は「管理」「訓練」「教授」という大きく三つの領域に分けられている。賞罰なども用いて子どもたちの心情に直接働きかけ，教育状況を秩序づける「管理」。これは，教師を無視するような兆候を除去し，教師が行うことに関心を向ける準備である。「訓練」は，子どもたちを道徳性へと向かわせる教師の働きであり，子どもたちが自分で正しい方向をたどることができるようになるまで，子どもの心情に直接的に働きかけることである。「教授」は，教材を介して間接的に子どもたちに働きかける営みである。学習する際，子どもの心のうちでどのようなことが生じているかに応じて，この「教授」の進行は段階づけられている。まず，ある対象に関心を集中させる段階（明瞭），その対象とすでに習得していた知識とを結びつける段階（連合），連合した知識を体系化する段階（系統），そして系統的な知識を方法的に応用できるようにする段階（方法）という四段階を経ているので，この段階に合わせて「教授」

は構成されるべきであるとヘルバルトは考えた。つまり，教育的行為を時間軸上に系統立てて法則化しようとしたのである。これはのちにトゥイスコン・ツィラー（Tuiskon Ziller：1817-1882）やヴィルヘルム・ライン（Wilhelm Rein：1847-1929）などのヘルバルト派に継承され，学校教育において実用化された。

▶ヘルバルト

3　現代の教育思想――真理の問い直し

教育の場は教会から学校へ，教育対象は信者のみならず人間一般へ，教育内容は『聖書』に書かれていることから科学に根拠づけられた知識へと変化した。人間中心的な教育のあり方が尊重され，そのための教育方法が普及したが，しかし，こうした教育のあり方もまた問い直される時代がやってくる。

（1）子ども中心主義の再評価

全員就学がほぼ実現し，学校制度がいっそう拡大していた時代には，ヘルバルト派による学校教育にかかわる体系的な考察にたいする需要は大きかった。しかし，デューイをはじめ，改革的な教育実践と理論を展開した新教育は，長時間の「聴講」を強制する教育や窮屈な知育偏重の教育から子どもたちを解放し，子どもの「自立性」や「自発性」，「自己活動」が重視されるべきだと主張した。その結果，既存の学校構造とそこで用いられる教育方法が問い直されることになった。

子どもの自己形成を援助する営みとしての教育という考えは，ルソーをはじめさまざまな思想家がすでに主張していたが，新教育においては，そのような考え方が教育思想の領域を超えて，広く具体的な学校教育の実践と結びつきながら発展していったという点で，それ以前の教育思想の伝統とは異なるものであった。たとえば，ヘルマン・リーツ（Hermann Lietz：1868-1919）はドイツ田園教育舎を自然豊かな田園の中に創設し，知的な教授ではなく包括的な人格教育を目的とする教育を行った。ルドルフ・シュタイナー（Rudolf Steiner：1861-1925）は自由ヴァルドルフ学校を開校し，子どもの自己形成を援助する営みとしての教育を実践し広めようとした。

（2）学校制度の問い直しと問い直し続ける教育のあり方

学校教育への批判は，学校という制度そのものにも及んだ。たとえば，第3章でも取り上げたイリイチやフーコーは，コメニウス以来の近代学校の考え方を根本的に批判した。彼らは，学習というものは本来，自発的・自律的に行うことのできる活動であるのに，学校という制度は，学ぶという活動を教わるという他律的な活動にしてしまうと危惧した。

ニクラス・ルーマン（Niklas Luhmann：1927-1998）もまた学校教育を相対化し分析した人物である。彼が考えたのは，教育の対象はけっして完全には知ることのできない不透明な存在であるにもかかわらず，なぜ授業のような教育的コミュニケーションが成立しているのかが問われるべきではないかということだった。ルーマンによれば，教育というコミュニケーションは，相手を知ることに基づいて成立しているわけではない。相手を知ることではないとすれば，なにが教育というコミュニケーションを成り立たせているのか。彼は教育というコミュニケーションが安定して働くように支えるものがあるとすればそれはなにかを問い続けた。

しかし，コミュニケーションを安定させるようなものなどなく，教育の場で行われるコミュニケーションは合意をめざしておこなわれる行為であると考えたのがユルゲン・ハーバーマス（Jürgen Habermas：1926-）である。教育という働きはそもそも相手の納得をめざしており，納得のために自分の考えをまとめたり，それをほかの人の考えと比べてみたり，異同を述べたりする必要が出てくる。教育という場では，そうしたコミュニケーションによって，子どもたちが納得することが目標になる。自分が正しいと思うところや違うと思うところを表明しあい，他人とともによりよい合意を目指す。教育は相手を知ることやコントロールすることの不可能性を前提としたうえで，しかし合意と納得を目指すコミュニケーションとして捉えられるようになった。

他方で，近年では合意や納得を目指すのではないコミュニケーションを手法とする教育の在り方にも注目が集まっている。たとえば，マルティン・ブーバー（Martin Buber：1878-1965）やハンナ・アレント（Hannah Arendt, 1906-1975），エマニュエル・レヴィナス（Emmanuel Levinas：1906-1995）といった思想家たちは，相手が自分と異なる他者であるからこそ対話する，他者と共有することができない部分があるからこそ対話するということの大切さを主張した。そうした思想家たちの対話理論がいかに教育現場にも応用できるのかという議論や，哲学対話実践が今日では広まりつつある。

哲学対話というときの「哲学」とは，難解な文章を講読するようなものではなく，身近なテーマや物語などを題材として，子どもたちが自分たち自身でテーマと問題を決め，意見を出し合って，問題についての考えを深め合う対話的活動を指している。哲学対話においては，問いについての自分の考えを深めていく過程が大切になるため，かならずしも結論は出なくてもよい。そうなると，このような対話における教師の役割は，知識を「教授する」ことではなくて，対話を促進するために質問を投げかけること，議論の角度を変えること，意見が出るまでゆっくり待つこと，子どもと同格の参加者として意見を述べることになる。

哲学対話においては，既存の教室や学校が社会に存在するその前提そのものといった根本的な教育の在り方が問い直されることももちろんある。

学習課題

① 哲学対話では，日々の生活の中から（唯一の正解のない）疑問を見つけ，それを題材として子どもたち自身が自由に問い，考え，話し合っていく。この哲学対話のテーマとして，どのような問いが考えられるだろうか。実際に問いを立てて，哲学対話を実践してみよう。

② 教師が「子どもと同格の参加者」となるというのはどういうことだろうか。学校・教室の中で，教師が「子どもと同格の参加者」となることは可能だろうか。そうなった時，教育や授業は成り立つのだろうか。議論してみよう。

参考文献

伊藤潔志編（2017）『哲学する教育原理』保育出版社。

今井康雄編（2009）『教育思想史』有斐閣。

河野哲也（2014）『「こども哲学」で対話力と思考力を育てる』河出書房新社。

森川輝紀・小玉重夫編（2012）『教育史入門』放送大学教育振興会。

吉田敦彦（2007）『ブーバー対話論とホリスティック教育』勁草書房。

（田中　直美）

コラム　私の原理・原則　4

人生は「糸」

「あなたにとって，生きていくために一番大切なものは何ですか？」おそらくこれまでの人生で，一度は問われたことがあるでしょう。「仕事」「お金」「食べ物」「空気」「水」「家族」など，人によってその答えは違うでしょうが，根底には共通するものがあると私は考えています。それが「糸」です。糸といっても洋服の綻びや雑巾を縫ったりする刺繍の糸ではありません。私の考える「糸」とは，人が生きていくために必要なものをつないでいる「糸」です。そのことに気づき，それについて考えるようになったのは，私が社会人になった頃からです。

私は言語聴覚士として病院や施設などで働いてきましたが，現在は言語聴覚士を目指す人の養成に携わっています。いわゆる「教員」として後進の育成を行っている教育者です。言語聴覚士とはさまざまな理由で言葉や聞こえ，理解に困難さを抱えた人を対象に，その人らしい生活を支援する職業です。私がこの言語聴覚士を職業として選んだ背景には，大学や大学時代の恩師との「縁」がありました。それが１つ目の「糸」です。

大学には臨床心理士を目指して入学したのですが，勉強が進むにつれ，臨床心理学ではなく発達心理学に興味をもち，それを専攻しました。そこで「ことばの発達」について研究し，言語聴覚士という職業を知りました。その大学や大学の恩師と出会わなければ，現在の職には就いていません。大学卒業後，言語聴覚士の養成校に進学して国家資格を取得し，そこから言語聴覚士としてのキャリアが始まりました。

これまで言語聴覚士として働いてきたなかで一番印象に残っているのは，担当した患者やご家族の笑顔です。「あなたのお蔭で」「あなただったから頑張れた」などの言葉は仕事のやりがいや励みになります。その言葉をもらいたくて働いているわけではないですが，毎日のなにげない瞬間の笑顔にやりがいを感じ，向学心が芽生えます。私が言語聴覚士として成長できたのは「縁」に恵まれていたからだと思います。人の出会いは一期一会であり，担当した患者様だったからこそ今の自分があると思っています。そのような経験の積み重ねが「つながり」となって現在に至っています。それが２つ目の「糸」です。

現在は教員として，学生との縁やつながりを大切にしています。その縁やつながりを築くために私が心がけているのは学生との距離です。距離が近すぎても遠すぎても，「糸」は絡まってしまいます。適度な距離のとき，「糸」はしっかりとつながっているように思います。学生との距離が近すぎると見える範囲が狭くなり，全体を見ることができなくなります。偏見が生じる危険もあります。逆に距離が遠いと，学生のことがわからず，困っているときにすぐに手を差し伸べる（糸を手繰り寄せる）こともできません。

適切な距離は人によっても違い，その距離を測るのは難しいことで，失敗することもありますが，学生との関わりのなかで距離はつかめていけると思っています。その距離を保つことで，縁からのつながりがやがて絆となります。その絆が3つ目の「糸」です。人と人とは，縁あってそこからつながり，絆へと変わっていくものだと思います。教員と学生も縁あって出会い，そこからつながりをもち，やがて絆へと発展していく関係だと考えます。絆は目には見えないものですが，確かに存在し，自分で断ち切らない限り，切れたり消失したりすることなく続いていきます。つながりや絆を大切にし，それがより強固なものになることを学生とともに体験することで，その学生が社会に出たときには，今度は自分でさまざまな方との関係を築けるようになる，そう信じています。そうやって人の縁はつながっていくと思います。今はまだ私自身，学生の育成に成果が出ているかどうかはわかりませんが，いつの日か学生たちが3つの「糸」に気づいてくれることを楽しみに，言語聴覚士の養成にあたっています。

（松尾　朗）

第5章 教育と看護の歴史　日本

本章では，近代学校教育制度の成立と展開を概観し，いかなる教育政策および実践が展開されたのかを説明していく。

教師や看護師という職業には，専門的な知識や技能が求められているが，近代以前において「教育」や「看護」という行為は，専門的な職業養成を受けていない人々によって担われた。たとえば，庶民の教育機関であった「寺子屋」には，「師匠」と呼ばれる指導者が存在したが，我々の想像するような近代的職業としての「教師」ではなかった。彼らは，「教育」行為を行うためのしかるべき専門的教育やそれを保証する資格を有していたわけではない。同じく，「看護」行為についても仏教事業の一環として，あるいはカトリック教会の修道女など，専門外の人々によって担われていた。

本章では，近代的職業としての教師や看護師から，「教育」や「看護」の歴史を見ていくことにしよう。

1　近代教育制度の成立

（1）近代以前の学校

我が国では，7，8世紀頃，中国の唐をモデルとした中央集権的な国家が形成され，律令体制が整えられた。律令体制下においては，多くの官吏（かんり）（国家官僚）が文書によって行政を運営しており，漢字や計算の能力などを体系的に学習する必要が出てきた。そこで，600年代後半には「大学寮」と呼ばれる官吏養成機関が設置されていた。大学寮では明経道（みょうぎょうどう）（儒学）が中心であり，『論語』などの素読と内容について講義が行われた。中世を代表する教育機関としては，下野国（しもつけ）（現在の栃木県）に創設された「足利学校」が挙げられる。同校では儒学，易学，医学，兵学，天文学などが教えられ，各地から多くの学生たちが訪れた。

江戸時代に入ると，幕府は林羅山が上野に開いた林家塾を幕府の教育機関として位置づけていく。この塾は神田・湯島の昌平坂にあったために，後に「昌平坂学問所」（あるいは昌平黌）と呼ばれ，幕府の旗本や御家人の子弟に対して教育が行われた。各藩においても「藩校」が設置された。藩校は藩士が儒学を基本とした漢学や武芸を学ぶ学校であった。藩校での教育内容は，漢学のほかに国学，また幕末には洋学や西洋医学を加えるところもあった。著名な藩校には，岡山藩主池田光政によって設立された花畠教場，名古屋藩の明倫堂，会津藩の日新館などがある。庶民のための学校としては，「寺子屋」（手習塾とも呼ばれる）があった。寺子屋は，庶民の子どもが日常生活に必要な読み書きを学ぶ教育機関であり，熱意のある師匠によって開設された。江戸時代中期になり経済が発展してくると，商人や農民の間では，商売のための手紙のやり取りや田畑の仕事の記録，娯楽として読書が普及し，読み書きの能力が求められるようになった。こうした要求から寺子屋は子どもたちに教育を受けさせる機関として，地方の小都市，さらに農山漁村にまで多数設けられ全国に広く普及していった。このことは，就学が義務ではない時代において，いかに多くの庶民が学習要求をもっていたのかを表している。

寺子屋での学習内容は，読み書き計算を中心としたものであり，手習いが主要な部分を占めていた。授業では，「往来物」と呼ばれる教材が子どもの能力や家の職業に応じて師匠から与えられ，子どもたちは師匠によって出された課題をこなして初めて次の段階へと進むことができた。授業方法は，一斉授業の形式ではなく，子ども一人ひとりに応じて往来物や師匠によるお手本を用いて行う個別教授であり，異年齢の子どもを対象にした。寺子屋では，単に読み書きなどの知識を与えることだけを目的としたのではなく，学習作業を通して師匠や兄弟子らとの人間関係のなかで生活全般にわたる躾などを行った。

（2）近代学校の誕生

明治政府は，1872（明治5）年に近代教育法令である「学制」を公布した。

学制が目指す教育の理念は，「学事奨励ニ関スル被仰出書（おおせいだされしょ）」（「学制序文」とも呼ばれた）にみられる。その特徴は，第一に「学問は身を立るの財本」であるとする立身出世的な教育観である。学制では，従来のように幕府や藩のために学問に励むのではなく，個人の生活のために学問を修めるように述べている。そのため，教育内容においては江戸時代に盛んであった儒学を否定し，実利主義的な学問が重視された。第二には，「邑（むら）に不学の戸なく家に不学の人なからしめん」とあるように，身分や男女の区別なく，全ての国民を対象とした教育制度が構想されたことである（国民皆学）。

学制では教育行政単位として学区制が採用され，全国を８大学区，各大学区を32中学区，各中学区を210小学区に区分して，各学区にそれぞれ1つの小学校を置くこととした。しかし，計画された５万3760校の小学校設立には至らなかった。当時は，受益者負担主義の考え方がとられ，学校の設立維持は住民がまかなうべきだとされ，小学校に通うにも授業料を支払わねばならなかった。また，学校に通って教育を受けることに価値を見出そうとしない者もいた。それにもかかわらず，政府はその実施を強要したため，地方の経費負担の増大などさまざまな弊害が生じ，強い反発を招くこともあった。学制の実施は徴兵令や地租改正などとともに民衆の不信不満を生じさせ，一部では学校焼討ち事件も発生した。

当時文部大輔（たいふ）の地位にあった田中不二麿（ふじまろ）は，学制の実施にさまざまな困難が生じており改革が必要であることを認識していた。田中は岩倉使節団の一員として欧米視察の経験をもち，なかでもアメリカの自由主義的，地方分権的な教育行政に強い関心を寄せていた。そこで，彼はアメリカ人のダビッド・モルレー（David Murray：1830-1905）を文部省顧問（学監）に招き，彼から助言を得ながら学制の改正に取り組んだ。1879（明治12）年，文部省は「第一次教育令」（自由教育令）を公布した。第一次教育令では，学制の中央集権的・画一的な教育行政を改めて学区制を廃止し，地方教育行政に権限を委ね，自由裁量を大幅に認める方針をとった。学校は町村を単位に設置することとし，督学や学区取締による中央集権的な監督に代わり，町村住民の選挙によって選ばれた学務委員が学校を管理することにした。また，就学期間についても，８年間の学齢期間のうち，就学は少なくとも16ヵ月へと短縮され，町村や親の負担軽減を図った。

しかし，第一次教育令では小学校の設置や就学に関する規定が著しく緩和され，地方によっては経費節減のために小学校の建築を中止，または廃止するような事態まで起こり，就学者数の減少を招くことになった。こうした状況のなかで，文部省では1880（明治13）年２月に河野敏鎌が文部卿に任ぜられ，長らく文部行政を担ってきた田中が司法卿へと転出した。田中の更迭によって，第一次教育令はわずか１年で改正されることとなった。政府は教育政策を転換することを決意し，同年12月に第一次教育令の改正を行い，「第二次教育令」（改正教育令）を公布した。第二次教育令では，教育内容の決定や学校の設置認可に関する文部省や地方官の権限を強化して，再び中央集権的な性格を強めたほか，児童の就学督励を強化する方針を示した。その結果，就学率は徐々に上昇していった。

（３）教育勅語を中心とした教育

明治天皇は地方巡幸で各地の諸学校を視察した際，文明開化の影響によって日本の伝統が失われることを危惧した。そこで，天皇は国民教育の根本精神を政府関係者に聖旨（天皇の考え）として下すべく，その文章の起草を侍講（天皇に学問を講じる職）である元田永孚に命じた。1879（明治12）年，元田は政府の教育政策に対する天皇の意見書である「教学聖旨」を作成している。教学聖旨では，学制以来の欧化主義的な知育重視の教育政策が批判され，儒教道徳の最も基本的な徳目である「仁義忠孝」を教育の核としなければならないとされた。これに対して欧化政策推進の立場であった伊藤博文は，「教育議」と題する文章のなかで，仁義忠孝を教育の根本に据えるべきとの主張を全面的に否定し，近代科学に基づくべきことを主張した。元田はさらに「教育議附議」を提出して，教育議が教学聖旨の趣旨を十分に理解していないことを批判するとともに，仁義忠孝こそが我が国教育の根本精神であることを強調した。この元田と伊藤との教学論争では，近代国家における教育と徳育の基本方針をめぐる対立が浮き彫りとなった。

政府としては国民道徳の方針が未だ明確ではなく，普遍的な教育の指針が求められた。そこで，首相の山県有朋は勅語による国民の道徳的結合を図るために，法制局長官の井上毅と天皇側近の元田永孚にその起草を命じた。1890（明治23）年には，天皇から文部大臣に「教育ニ関スル勅語」（教育勅語）が下付された。教育勅語では，天皇の臣民である国民の守るべき徳目を列挙し，その教育を通じて「皇運を扶翼」（皇室の発展のために役立つように）することが務めであると説かれている。教育勅語に記された徳目は修身科（戦前の道徳教育）の内容を強く規定したうえに，全国の学校に勅語謄本（写し）が配布され，祝祭日の儀式や学校行事の折にその奉読を行うよう指示された。こうして，教育勅語は国民道徳の基本理念として位置づけられることになったのである。

2　20世紀の教育と新教育

（1）大正期の民衆運動と新中間層

日露戦争後の講和条約で賠償金支払いを含まない条件が明らかになると，戦争の犠牲・負担を負わされてきた国民の不満が爆発した。講和条約反対を唱える民衆が警察署や新聞社などを焼き打ちした（日比谷焼打事件）。国家の政策決定に参加する機会をもたない民衆は，時に直接行動によって国家に異を唱えた。大正期には民衆の政治参加を求める普通選挙運動が広がり，国家の側も次第に高まる民衆の声を無視し得なくなっていた。加えて資本主義経済の進展にともない，労働運動，社会主義運動も活発化し，ロシア革命後は一層の盛り上がりを見せた。1918（大正 7 ）年に富山県の漁村で始まり，その後全国的な広がりを見せた米騒動は，結果として寺内正毅内閣を解散に追い込み，最初の政党内閣である原敬内閣が成立した。こうした民衆の暴動をきっかけとした政党内閣の誕生は，民衆の時代の幕開けを人々に知らしめることになった。このようななか，東京帝国大学法学部教授の吉野作造は「憲政の本義を説いて其有終の美を済すの途を論ず」と題した論文を発表し，「民本主義」を提唱した。

都市部においては「新中間層」と呼ばれる新たな社会階層が登場した。彼らは中等・高等教育が拡大し学歴社会が成立するなか，進学競争を勝ち抜いて得た学歴を元手にして，会社員や銀行員などの俸給職，教授や医師，弁護士，自由業などの専門職，あるいは教員，官吏，軍人などの公務職に携わった。新中間層の多くは地縁・血縁を離れて都市に流入した人たちであり，そのまま都市で就職・結婚して新しい家族を形成した。その家族は夫婦と少数の子どもからなる核家族であり，夫が家庭の外で働き，妻が家庭で家族のための家事労働に従事するという性別役割分業をとった。新中間層の間には産児制限（避妊）の考えが広まり，子どもが「授かるもの」から計画的に「作るもの」として捉えられ，少ない子どもをよりよく育てる意識が広まった。

新中間層の親が子育ての拠り所とした考え方には，子どもの純真さや無垢を称賛し自発性・個性を大切にして育てたいとする童心主義と，反対に子どもの無知や野放図を嫌い厳しい躾が必要であるとする厳格主義を併せ持っていた。さらに，将来の受験準備を重視しようとする学歴主義にも根ざしていた。彼ら自身の社会的地位を子どもに受け継がせるためには，高い学歴を身に付けさせるしかなく，子どもの教育に多大な関心と熱意を示した。新中間層の多くは既存の学校教育から距離をとるとともに，自らの子どもを新しい教育を推進した「新学校」へ通わせた。

（2）新教育運動の思想と実践

19世紀末には教師中心の画一的詰め込み教育が批判され，新教育運動と呼ばれる「子ども中心」の教育思想や経験主義に基づく多様な実践が国際的に展開された。それは大正期の日本にも紹介されて一大ブームといえるほどの影響をもたらした。日本における新教育は，「大正新教育運動」（大正自由教育運動）と呼ばれている。この運動の拠点となったのが，「新学校」であった。新学校には，新しい教育実践を目指して開設された私立小学校や，一定程度の教育研究が認められていた師範学校附属小学校があった。表５－１に示したように私立小学校には，沢柳政太郎（まさたろう）の成城小学校，野口援太郎（えんたろう）の池袋児童の村小学校，赤井米吉（よねきち）の明星学園などがある。師範学校附属小学校の著名実践校としては，及川平治の明石女子師範学校附属小学校や手塚岸衛（きしえ）の千葉県師範学校附属小学校，木下竹次の奈良女子高等師範学校附属小学校などが知られている。

表 5－1　「大正新教育」の著名実践校

学校名	所在地	創設者・実践者	実践の名称
成蹊実務学校	東　京	中村春二	
成城小学校	東　京	沢柳政太郎	ドルトン・プラン
明星学園	東　京	赤井米吉	ドルトン・プラン
玉川学園	東　京	小原国芳	
池袋児童の村小学校	東　京	野口援太郎	
芦屋児童の村小学校	兵　庫	桜井祐男	
雲雀ヶ岡児童の村小学校	神奈川	上田庄三郎	
千葉県師範学校附属小学校	千　葉	手塚岸衛	自由教育
明石女子師範学校附属小学校	兵　庫	及川平治	分団式動的教育
奈良女子高等師範学校附属小学校	奈　良	木下竹次	合科学習

出典：筆者作成。

1917（大正 6 ）年 4 月，沢柳政太郎が創設した成城小学校は，① 個性尊重の教育，② 自然に親しむ教育，③ 心情の教育，④ 科学的研究を基盤とする教育の 4 つの方針を掲げた。同校では， 1 学級30名以内の少人数指導や授業の 1 単位時間を低学年30分，中学年35分，高学年40分として，子どもの発達段階を考慮した教育実践を行った。さらに修身は第 4 学年，算術は第 3 学年以上に教授することとし，英語と自然科を第 1 学年以上に特設するなど，独自な実践が展開された。高学年においては「特別研究」という独自の取り組み（週に 2 時間，学級を撤廃して子どもが好きな科目・題材をもって教師のところに行き研究する）を導入した。「特別研究」ではドルトン・プランの導入が図られた。

ドルトン・プランとは，アメリカ人のヘレン・パーカースト（Helen Parkhurst：1887-1973）によって考案された教育指導法である。1920年にマサチューセッツ州ドルトン町のハイスクールで実践されたことからドルトン・プランと呼ばれており，その特色は，「自由」と「協同」を基調として従来の一斉教授を打ち破り，一人一人の子どもの個性や要求に応じた個別学習をする点にある。ドルトン・プランでは，児童が教師と契約した作業予定表（アサインメント）に従い，自分のペースで各教科を学習する。従来の学級や時間割は廃止され，各教科の実験室（ラボラトリー）で担当教師の指導の下，学習が進められる。従来の授業が学級を単位とした画一的なものであったのに対し，児童が自分のペースで，しかも教科の難易に応じて自由に時間を配当できるこの学習法は，教育改造への具体的方法を模索していた日本の教育界から大いに歓迎された。

（3）授業改造の試み

及川平治は，1907（明治40）年に明石女子師範学校附属小学校の主事に就任すると，「為さしむる主義による分団式教授法」という教育法を提唱した。及川の著作『分団式動的教育法』（1912年）は，関東大震災で紙型焼失のため絶版となるまでに25版を重ね，2万5000部を売り尽くし，教育書としては空前のベストセラーとなった。さらに3年後の1915（大正4）年に続編として『分団式各科動的教育法』を出版している。同校にはその実践に学ぼうと年間1万人を超える参観者が訪れ，大正期における教育改造運動の発展に大きな役割を果たした。及川の教育理論の特徴は，「分団式教育」と「生活単元」，そしてこの2つを思想的に支えた「動的教育論」にあるとされる。分団式教育は，教師が個々の児童の習熟度や興味関心の差異などに応じて臨機応変に一時的な分団（小集団）をつくり，それぞれの状態にあわせて指導を行うという方式である。及川のカリキュラム論を特徴づけていたのは，児童の生活に即した題材を授業に取り入れる生活単元という考え方であった。彼の分団式教育，生活単元を思想的に支えていたものが動的教育論である。及川は，児童一人ひとりが自発的に学習する動的教育の方途として，個々の児童の能力や興味の違いを重視すること，そして児童自身が学習を深化させていけるような学習法を身に付けさせることを説いた。

手塚岸衛は1919（大正8）年に千葉県師範学校附属小学校の主事に着任し，「自由教育」を展開した。「自由教育」の理論と実践は，手塚の主著『自由教育真義』にまとめられている。彼の唱えた「自由教育」論は，放任された無秩序な教育とは区別され，「自然の理性化」（自然の状態にある児童を「真善美」という価値の実現へと導いていくこと）を目指して，児童の自学と自律を尊重してなされる教育である。授業では，「共通扱」と「分別扱」という二つの教授形態を相互に組み合わせた学習指導が行われた。「共通扱」とは，教師が中心となって学級全体で同じ教材を学習する一斉指導のことである。これに対して，

「分別扱」は児童個々の学習の進度に応じた自学自習である。他にも，「自由学習の時間」は，教科学習で行われる「分別扱」よりもさらに徹底して，学習の内容と方法が児童の自発性と自由に委ねられていた。この時間には玩具の製作をしようと，教科外の自由研究をなそうと，雑誌を読もうと児童の自由とされた。教科外の活動においては，自治的訓練が重視され，尋常科1年生から学級自治会が組織されている。同校へは多数の参観者が訪れ，千葉県内はもとより全国にも影響を及ぼした。手塚や訓導らも各地の講演・研究会に出向き，「自由教育」実践を発信していった。翌年には，「白楊会」と称する運動団体を結成し，同校主催の自由教育研究大会の開催，機関誌『自由教育』を創刊して，教育改造を推し進めていった。

奈良女子高等師範学校附属小学校では，1919（大正8）年に着任した主事の木下竹次を中心に，「学習法」や「合科学習」を標榜し，従来の他律的な教育を打破して自律的な学習を生み出すべく実践研究が積み重ねられた。「学習法」は，子どもを学習の主人公として捉えることを前提としたもので，「独自学習—相互学習—独自学習」という学習形態によって進んでいった。児童が独自学習を行うための時間として特設学習時間が設けられ，教科の枠にとらわれない未分化な合科学習が生み出された。同校では新しい学習内容を学ぶ際，まず独自学習から始めた。児童一人ひとりが疑問に思ったことを自らの手の届くところから，実験・実習，図書・図表，あるいは指導者に導かれて学習を進める。次に相互学習においては，各自の独自学習を持ち寄っていくつかの共通テーマが設定され，学級あるいは分団を単位として集団討議が行われる。これらの授業方法は，同校の機関誌『学習研究』および講習会・研究会を通して，広く全国に知られるようになった。1923（大正12）年には，年間2万人の参加者があったという。同校の教師たちも，学習法・合科学習が有名になるにつれて他校の講習会・研究会に講師として招かれることが増えた。

大正新教育運動では，明治期のヘルバルト主義の教授段階論に依拠した画一的・形式的な授業が厳しく批判され，子どもたちの活動や主体性を重視した授業の試みが行われた。現在，アクティブ・ラーニングという授業方法が注目されるなか，我々は大正新教育運動からどのような事が学べるのだろうか。明治期の教師たちは子どもに知識を授ける「機械」としての役割を期待されたが，大正新教育運動の教師たちはさまざまな試行錯誤を重ねながら授業改造に取り組み，子どもの個性や興味・関心，発達段階に応じた教育へと転換を図っていった。ここからは，今の教育を考えるためのヒントと教訓とを得ることができる。

3　職業としての「看護婦」

（1）「看護」の起源

「看護」の起源とは何だろうか。英和辞典で「nurse」を調べると，「看護師」のほかに「乳母」や「授乳する」，「大事に育てる」などの意味が記載されている。一説によると，「看護する」という言葉は「授乳」（養う，食物を与える）を語源とし，そこから子どもだけではなく病人の世話全般を意味するようになったとされる。このように「看護」の起源は，語源的，文化的に生物的な女性「性」と固く結びついており，看護は女性的職業と長らく考えられてきた。一方で，看護婦の起源は看護に従事する修道女たちが教会に集まった病人を世話したのが始まりだといわれている。そのため，教会での看護行為はキリスト教の宗教観である「隣人愛」と強く結びついおり，あくまで看護は罪を悔いる手段とされ，組織的な看護が行われていたわけではなかった。では，看護婦という職業はいつ頃どのように誕生したのだろうか。

看護を宗教的な奉仕活動から切り離し，近代看護への転換を図ったのがフローレンス・ナイチンゲール（Florence Nightingale：1820-1910）であった。ナイチンゲールは，1854年にクリミア戦争が勃発すると看護婦として従軍し，それまで不衛生な環境下での感染死亡者が多いとされてきたなか，衛生環境改善に尽力して死亡者を激減させることに成功している。戦争から帰還してからは，1860年に『看護覚え書』という書物を著して，看護のあり方や考え方を説いた。また，同年にはイギリスの聖トマス病院内にナイチンゲール看護学校を設立し，本格的な看護婦養成を始めている。ここでの教育内容は「ナイチンゲール方式」と呼ばれ，後の日本にも多大な影響を与え，看護の礎となった。こうして看護は宗教的な活動に限定されるものではなくなり，科学原理と病院で得られた知識に基づく近代的な職業となった。ところで，この時代の日本に看護婦は存在したのだろうか。日本には，明治政府によって新しい近代医学が導入されるまで「病院」という施設はなく，看護という役割を担う職業看護婦も存在しなかった。日本においては，いつ頃どのように職業看護婦が誕生したのかみてみよう。

▶ナイチンゲール

（2）看護婦養成の歴史

日本では近代医学の導入とともに病院の建設が進み，専門知識をもって看護職に従事する者が必要とされるようになった。こうして看護職は近代になって専門職としての社会的地位を獲得するに至った。当時の知識人たちは専門知識を備えた看護婦の必要性を主張し，西洋の看護教育をモデルとした看護婦養成が開始されることとなった。ここでは，養成制度が明治初期から大正期にかけてどのような変遷を遂げていったのかを確認しておきたい。なお，ここでいう看護婦養成とは，しかるべき医療施設で実習が行われ，学生が看護に関する理論を修得することを意味する。

看護の実習と理論を学ぶ教育機関としては，1880年代後半に設立された有志共立東京病院看護婦教育所，京都看病婦学校，桜井女学校附属看護婦養成所，日本赤十字社病院看護婦養成所などが知られている。1885（明治18）年，有志共立東京病院看護婦教育所では，17歳以上25歳以下，身元引受人があることを条件に入学試験を実施し，初めて看護婦の養成が行われた。同教育所は日本最初の医学博士である高木兼寛（たかきかねひろ）がイギリスの聖トマス病院医学校へ留学し，そこでの看護教育を参考に設立した学校である。聖トマス病院医学校は，ナイチンゲールが最初に看護教育を開始したときに看護婦学校を附属させた病院であり，高木はその教育方式について見聞する機会があったと思われる。ナイチンゲールの教育理念は，当時主流であった「理論と実践の一致」である。医学教育と同じく講義と臨床教育が相互に行われ，見習い制度による看護婦養成が実施された。

ナイチンゲール方式による教育では，第一に学生に基礎教育を行う。ここでいう基礎教育とは，看護専門者育成のための教育であり，臨床実習をする前の理論的教育のことである。第二に，マトロン（看護総監督の意味）と呼ばれる理想的な看護婦を組織の頂点に位置づけ，見習い生たちの目標にした。第三に，ホーム・シスターと寄宿舎制度が挙げられる。見習い生たちの寄宿舎には，ホーム・シスターが寝起きを共にした。ホーム・シスターは学級の女性教師で，見習い生たちの日常生活につねに気を配り，寄宿舎での生活を規律あるものにした。そのため，寄宿舎は食・住の確保のみならず人格陶冶の場となった。ホームシスターは寄宿舎での見習い生たちの状況を月１回，マトロンに報告する義務を負い，マトロンはその報告を通じて見習い生たちの病棟での学習状況を知り，指導方針を立てた。

高木が留学した時期は，ナイチンゲール方式の成果が出始めていた頃であった。彼はその教育方式によって養成された看護婦たちが，医療のなかで果たす役割および利点について理解していた。実際，有志共立東京病院看護婦教育所では，指導者としてナイチンゲールの看護教育を引き継ぐ外国人看護婦のリード女史を２年間にわたって招いている。彼女の帰国後は，高木ら医師と卒業生によって看護教育が続けられた。ここまで見てきたように，日本の看護婦養成は，学校教育としての位置づけをもたない病院附属の実務的な教育機関として発足したことがわかる。そのため，明治初期においては入学年齢および修業年限は各養成所によって異なり，看護婦資格の明確な基準はまったく存在していなかった。

明治末期に入ると，いくつかの府県では，看護婦と名乗るためには共通の学歴と一定レベルの技能が必要であるという見方が規則で示された。看護婦供給数が増加するに従って，看護婦の「質」のばらつきが見過ごせない問題となっていたからである。他にも，東京府で取得した看護婦免許が大阪府では通用しないといった，各府県でまちまちに規定されていた看護婦規則の不便さを是正しなければならなかった。そこで，1915（大正４）年に全国的な統一法規である内務省令「看護婦規則」が制定され,「看護婦」という名称が定着した。この規則によると看護婦免許の取得は年齢18歳以上で，地方長官の指定した看護婦学校または講習所を卒業した者，もしくは，地方長官の行う看護婦試験に合格した者とされた。資格と結びついた職業の需要が増大したことによって看護婦数は急激に増加していった。看護婦の役割は病院だけにとどまるものではなく，次第に学校教育においても近代看護の知識と技術が必要とされるようになっていく。なお，大正期は第一次世界大戦後の産業化の進展により，タイピスト，事務職，電話交換手など新しい職種が誕生し，女性の職業進出が顕著となった時代である。

（3）学校看護婦の始まり

学校看護婦（養護教諭の前身）はいつ頃どのように誕生したのだろうか。それは1900年代にトラホーム（伝染性の結膜炎）の衛生処置を担当する医療補助者として,「学校看護婦」という名称で採用されたのが始まりである。トラホームは明治30年頃から約10年間にわたり全国的に大流行した。不衛生な集団生活がその原因とされ，多くの者が角膜の混濁，涙嚢炎(るいのうえん)，視力障害に苦しみ，失明した者もいた。こうしたなか，1905（明治38）年９月，岐阜県の竹ヶ鼻小学校と笠松小学校で学校看護婦が初めて校費で採用された。両校はトラホームの罹患率が県平均に比べ著しく高かったのだが，学校看護婦が点眼治療を行なったことで，その罹患率は大きく下がった。学校看護婦は，大正期に文部省が設置を奨励したため，全国的にその数が急増した。

1922（大正11）年４月，大阪市北区済美学区内の小学校では「一校一名専任駐在制」の導入が図られ，初めて常駐の学校看護婦が配置された。これは，従来のトラホーム洗眼を主任務とした学校看護婦とは違い，校長の監督のもとに学校看護婦を正規の「学校職員」として位置づけたものである。業務内容も単なるトラホーム洗眼から拡大され，救急処置，身体検査，予防接種，環境衛生等にまで及んだ。このようにして，学校看護婦は学校衛生の担い手として必要不可欠な存在になっていった。

1929（昭和４）年10月には，文部省訓令「学校看護婦ニ関スル件」が公布された。当時すでに全国の学校看護婦は1500名近くいたが，これを教育関係職員として法規に位置づけるとともに，職務内容を全国的に統一しようとした。

その後，1941（昭和16）年に公布された国民学校令の施行に合わせて，学校看護婦は「養護訓導」になり，また戦後は「養護教諭」となった。今日では，怪我や病気への対応以外に，心の健康に関する実態把握や各種相談など，養護教諭の職務内容と重要性は格段に増している。

学習課題

① あなたが卒業した学校の歴史を調べてみよう。学校はいつ頃，どのような経緯で設立されたのだろうか。また，どのような出来事があったのかをノートに書き出してみよう。その際，年表を作成するとよりわかりやすい。学校の歴史を調査するには，「学校沿革史」や「創立記念誌」が便利である。これらの資料は大学図書館や公立図書館などに所蔵されているので探してみよう。

② 本章では「有志共立東京病院看護婦教育所」について詳しく紹介したが，京都看病婦学校，桜井女学校附属看護婦養成所，日本赤十字社病院看護婦養成所の3校についても，いつ頃，誰が，どのような目的で設立したのかを調べてみよう。下記参考文献を頼りに調査・学習するとよい。

参考文献

近藤真庸（2003）『養護教諭成立史の研究』大修館書店。
佐々木秀美（2005）『歴史にみるわが国の看護教育』青山社。
田中智志・橋本美保（2015）『大正新教育の思想』東信堂。
中野光（1968）『大正自由教育の研究』黎明書房。
山下麻衣（2017）『看護婦の歴史』吉川弘文館。
山本正身（2014）『日本教育史』慶應義塾大学出版会。

（鈴木 和正）

コラム　私の原理・原則　5

看護とは何かを追い求めて

一生働ける仕事に就きたい。そう考えて看護師を選びました。「就職列車」に乗り，名古屋の開業医宅に住み込んで見習い看護師になったのは昭和42年 3 月のことです。早朝から医院の清掃，診療の準備，受付，カルテ出し，診療の介助。急いで昼食を食べ，准看護学校に通い，夕方の診療に間に合うよう戻ります。夜は，受け付けた患者さんの診療がすべて終わるまで介助。それから機械や器具の片づけ。自分の部屋に戻り，銭湯へ急ぐという毎日でした。

准看護学校では毎日ナイチンゲール誓詞をみんなで言ってから授業が始まりました。卒業後 3 年は名古屋市内で働くという条件で奨学金を受けて学費の足しにしました。准看護師の免許を取得した後，そのまま働きながら正看護学校に通いました。そこには，専門の看護師や教員が，大学や大きな病院から先生として来られていました。みな仕事が好きで楽しんでいるように見えました。「私もこんな先生がいる大きな病院で働いてみたい」と密かな憧れをもちました。ちょうど通学路に大学病院があり，看護師募集のチラシを見て，面接に行きました。働きながら大学病院の看護学校にも通えるとのことで就職を決めました。大学病院は寮生活，職場も病棟に配属され，三交代勤務です。何もかもが目新しく感じました。

日曜祝日以外は夜勤もしましたが，平日の日勤では同僚はもちろん患者さんを通して医師や学生，業務士，事務の方との関わりも多く，人と人とのつながりが大切であることを実感しました。理論と実践を結び付け，学習して自信がもてるまで看護を深める必要がありました。チームのなかで自分の受け持ちの患者さんが割り当てられ，業務を時間内に終えて，実践内容をカルテに書き終え，次の勤務者に必要事項を申し送ってその日の業務が終了となります。私は時間内に仕事が終わらず，チームの同僚に手伝ってもらうこともありました。「時間内に終えることも仕事だよ」と教えられました。

ある日，夜勤を終えようとしたとき，Aさんが「足を洗ってほしい」と言っていると家族の方から声をかけられました。次の勤務者への申し送りをした後，Aさんの足浴をしてから仕事を終えました。次の日も夜勤を終えて帰ろうとしたとき，看護師長から呼び止められました。いつも仕事の帰りが遅いので，早く終えるよう注意されるのかと緊張しましたが，「昨日はＡさんの足をちゃんと洗って帰ったのね。Ａさん，喜んでみえたよ。ごくろうさん」と言われました。私は技術的にはまだまだでしたが，看護師長のこの言葉で勇気をもらい，看護の「気づき」の大切さを意識することができたように思います。それ以後，患者さんにも同僚や医師，医学生にも，相手が何を考え行動したかを考え，それを認め，理解するように努めました。

大学病院の看護部は，看護師養成教育，卒業後の教育にも力を入れており，毎日のカンファレンス以外に研究発表を行っていました。看護師たちは競争意識もあり，キャリアアップしていく同僚に刺激を受け，自分にチャンスがほしいと努力する人が多いと感じました。

次に移った病棟では，ME（Medical Engineering）機器をつけ，いつ危篤になるかもしれない若い患者さんがありました。看護計画に沿って，受け持ちの看護師が患者の気持ちを聴きながら看護業務を行うのですが，この患者さんは「Ｏグループのメンバーのコンサートをぜひ見に行きたい」と言われました。「毎年コンサートに行っていて，今年もチケットを買ってあるんです」とのこと。それを担当の看護師から聞いた看護師長は，今一番望んでいることがコンサートであることを確認後，コンサートを見に行けるよう病棟全員で取り組むことを決断，指示されました。主治医ほか医師にも許可をとり，Ｏグループの事務所，会場関係者とも連絡調整がなされました。コンサート当日は，看護師と医師が付き添い，ストレッチャーに乗せて会場へ行きました。患者さんはとても喜ばれ，また感謝もされ，その後少しして亡くなりました。これを計画実行した看護師長を尊敬するとともに，患者さんに喜んでもらえたことを何よりうれしく思いました。

看護師になったことで，私は人との出会いから生き方を学び，数えきれないほど多くの人に助けられてきました。素晴らしい看護をしている職場のなかで働き続けることができたことは，本当に幸せでした。

（濱中ちえみ）

第6章 新しい時代の世界的学力

OECD による PISA を契機に，国際的な学力競争が始まっている。わが国の子どもたちの学力は世界のなかでどのような位置にあるだろうか。また21世紀に求められる学力とはどのようなものだろうか。

本章では，まず国際標準の学力として PISA のリテラシーを取り上げ，PISA ではどのような資質・能力が測定されるのかを述べる。次に，なぜそのような資質・能力が世界的に求められるようになったのか，コンピテンシーに基づく教育改革について考察する。さらに，こうした動きに対する世界各国の対応について概観したうえで，現在わが国で推進されている「グローバル人材」の育成について取り上げる。最後に，新しい学習指導要領（平成29年）における学びの変革とそのための資質・能力，それらを育成する方法としてのアクティブ・ラーニングを説明する。

1 PISA で求められる世界的学力

PISA（Programme for International Student Assessment）とは，義務教育の修了段階にある15歳児（わが国では高校1年生）を対象として行われる国際的な学力調査である。この調査で測定されるのは，実生活のさまざまな場面で直面する課題に対して，子どもたちが自分の知識や技能をどの程度活用できるかというリテラシーである。読解リテラシー（読解力），数学的リテラシー，科学的リテラシーの3分野について，OECD 加盟国を中心に3年ごとに調査が行われる。PISA 参加国の生徒たちは，これら3分野について，各2時間ほどの試験（選択肢問題および記述式問題）を受け，その結果が世界的に公表される

表6－1　PISA 調査の国際比較（読解力）

順位	PISA2000（32か国中）		PISA2003（41か国・地域中）		PISA2006（57か国・地域中）	
1	フィンランド	546	フィンランド	543	韓国	556
2	カナダ	534	韓国	534	フィンランド	547
3	ニュージーランド	529	カナダ	528	香港	536
4	オーストラリア	528	オーストラリア	525	カナダ	527
5	アイルランド	527	リヒテンシュタイン	525	ニュージーランド	521
6	韓国	525	ニュージーランド	522	アイルランド	517
7	イギリス	523	アイルランド	515	オーストラリア	513
8	日本	522	スウェーデン	514	リヒテンシュタイン	510
9	スウェーデン	516	オランダ	513	ポーランド	508
10	オーストリア	507	香港	510	スウェーデン	507
11	ベルギー	507	ベルギー	507	オランダ	507
12	アイスランド	507	ノルウェー	500	ベルギー	501
13	ノルウェー	505	スイス	499	エストニア	501
14	フランス	505	日本	498	スイス	499
15	アメリカ	504	マカオ	498	日本	498

順位	PISA2009（65か国・地域中）		PISA2012（65か国・地域中）		PISA2015（72か国・地域中）	
1	上海	556	上海	570	シンガポール	535
2	韓国	539	香港	545	香港	527
3	フィンランド	536	シンガポール	542	カナダ	527
4	香港	533	日本	538	フィンランド	526
5	シンガポール	526	韓国	536	アイルランド	521
6	カナダ	524	フィンランド	524	エストニア	519
7	ニュージーランド	521	アイルランド	523	韓国	517
8	日本	520	台湾	523	日本	516
9	オーストラリア	515	カナダ	523	ノルウェー	513
10	オランダ	508	ポーランド	518	ニュージーランド	509
11	ベルギー	506	エストニア	516	ドイツ	509
12	ノルウェー	503	リヒテンシュタイン	516	マカオ	509
13	エストニア	501	ニュージーランド	512	ポーランド	506
14	スイス	501	オーストラリア	512	スロベニア	505
15	ポーランド	500	オランダ	511	オランダ	503

出典：国立教育政策研究所編（2013）を参考に作成。

表 6－2　PISA 調査の国際比較（数学的リテラシー）

順位	PISA2000（32か国中）		PISA2003（41か国・地域中）		PISA2006（57か国・地域中）	
1	日本	557	香港	550	台湾	549
2	韓国	547	フィンランド	544	フィンランド	548
3	ニュージーランド	537	韓国	542	香港	547
4	フィンランド	536	オランダ	538	韓国	547
5	オーストラリア	533	リヒテンシュタイン	536	オランダ	531
6	カナダ	533	日本	534	スイス	530
7	スイス	529	カナダ	532	カナダ	527
8	イギリス	529	ベルギー	529	マカオ	525
9	ベルギー	520	マカオ	527	リヒテンシュタイン	525
10	フランス	517	スイス	527	日本	523
11	オーストリア	515	オーストラリア	524	ニュージーランド	522
12	デンマーク	514	ニュージーランド	523	ベルギー	520
13	アイスランド	514	チェコ	516	オーストラリア	520
14	リヒテンシュタイン	514	アイスランド	515	エストニア	515
15	スウェーデン	510	デンマーク	514	デンマーク	513

順位	PISA2009（65か国・地域中）		PISA2012（65か国・地域中）		PISA2015（72か国・地域中）	
1	上海	600	上海	613	シンガポール	564
2	シンガポール	562	シンガポール	573	香港	548
3	香港	555	香港	561	マカオ	544
4	韓国	546	台湾	560	台湾	542
5	台湾	543	韓国	554	日本	532
6	フィンランド	541	マカオ	538	北京・上海・江蘇・広東	531
7	リヒテンシュタイン	536	日本	536	韓国	524
8	スイス	534	リヒテンシュタイン	535	スイス	521
9	日本	529	スイス	531	エストニア	520
10	カナダ	527	オランダ	523	カナダ	516
11	オランダ	526	エストニア	521	オランダ	512
12	マカオ	525	フィンランド	519	デンマーク	511
13	ニュージーランド	519	カナダ	518	フィンランド	511
14	ベルギー	515	ポーランド	518	スロベニア	510
15	オーストラリア	514	ベルギー	515	ベルギー	507

出典：国立教育政策研究所編（2013）を参考に作成。

表 6-3　PISA 調査の国際比較（科学的リテラシー）

順位	PISA2000 (32か国中)		PISA2003 (41か国・地域中)		PISA2006 (57か国・地域中)	
1	韓国	552	フィンランド	548	フィンランド	563
2	日本	550	日本	548	香港	542
3	フィンランド	538	香港	539	カナダ	534
4	イギリス	532	韓国	538	台湾	532
5	カナダ	529	リヒテンシュタイン	525	エストニア	531
6	ニュージーランド	528	オーストラリア	525	日本	531
7	オーストラリア	528	マカオ	525	ニュージーランド	530
8	オーストリア	519	オランダ	524	オーストラリア	527
9	アイルランド	513	チェコ	523	オランダ	525
10	スウェーデン	512	ニュージーランド	521	リヒテンシュタイン	522
11	チェコ	511	カナダ	519	韓国	522
12	フランス	500	スイス	513	スロベニア	519
13	ノルウェー	500	フランス	511	ドイツ	516
14	アメリカ	499	ベルギー	509	イギリス	515
15	ハンガリー	496	スウェーデン	506	チェコ	513

順位	PISA2009 (65か国・地域中)		PISA2012 (65か国・地域中)		PISA2015 (72か国・地域中)	
1	上海	575	上海	580	シンガポール	556
2	フィンランド	554	香港	555	日本	538
3	香港	549	シンガポール	551	エストニア	534
4	シンガポール	542	日本	547	台湾	532
5	日本	539	フィンランド	545	フィンランド	531
6	韓国	538	エストニア	541	マカオ	529
7	ニュージーランド	532	韓国	538	カナダ	528
8	カナダ	529	ベトナム	528	ベトナム	525
9	エストニア	528	ポーランド	526	香港	523
10	オーストラリア	527	カナダ	525	北京・上海・江蘇・広東	518
11	オランダ	522	リヒテンシュタイン	525	韓国	516
12	台湾	520	ドイツ	524	ニュージーランド	513
13	ドイツ	520	台湾	523	スロベニア	513
14	リヒテンシュタイン	520	オランダ	522	オーストラリア	510
15	スイス	517	アイルランド	522	イギリス	509

出典：国立教育政策研究所編（2013）を参考に作成。

のである。

この PISA 調査が2000年に始まって以降，世界各国において PISA でのランキングが意識されるようになった。では日本は何位ぐらいだろう。トップならいうことはないかもしれない。経済規模からすれば，３位以内が妥当と考えることができる。あるいは先進国（G７）の一員だから７位以内に入っていてほしいという考えもあるかもしれない。もちろん，このようなランキングなんて関係ないという意見もあるだろう。

2015年の調査において，わが国は読解力で８位，数学的リテラシーで５位，科学的リテラシーで２位であった。成績の推移に注目すれば，わが国は当初から最上位グループにいたが，若干の順位低下が見られた後，近年は上昇傾向にある。一方で，イギリス，アメリカ，フランス，ドイツなど，主要先進国の PISA の順位を見ると，先進国だからといって必ずしも上位にあるとはいえない。PISA の上位国としては，フィンランドをはじめ，日本，韓国，香港，カナダ，ニュージーランド，オーストラリア，オランダ，エストニアなどがあるが，近年は，シンガポール，上海，香港，マカオ，台湾，韓国など，いわゆる「漢字文化圏」の国や地域が名を連ねている。

こうした国際的な学力競争の拡大によって，PISA のリテラシーが世界標準の学力として重視されるようになっている。OECD は，読解力（読解リテラシー）を「自らの目的を達成し，知識と可能性を発達させ，社会に参加するために，書かれたテクストを理解し，活用し，深く考える能力」，数学的リテラシーを「数学が世界で果たす役割を知り理解するとともに，社会に対して建設的で関心を寄せる思慮深い市民として，自らの生活に必要に見合った方法として数学を活用し，応用し，より根拠のある判断を行う能力」，科学的リテラシーを「自然の世界及び人間活動を通してその世界に加えられる変化についての理解と意志決定を助けるために，科学的知識を活用し，科学的な疑問を明らかにし，証拠に基づく結論を導く能力」と定義している。

これらのリテラシー概念が新しい世界的学力として重視されるのは，それがコンピテンシーに基づく教育改革を牽引する存在として注目されているからである。PISA のリテラシーは，OECD による「コンピテンシーの定義と選択

(DeSeCo)」プロジェクト（1997～2002年）によって定義されたキー・コンピテンシーの一部を評価可能なものとして具体化したものである。こうした動きがコンピテンシーを基盤とした教育改革を世界的な潮流へと導いたのである。

2　コンピテンシーに基づく教育改革

コンピテンシーとは，もともと高業績者の行動特性として注目されたものであり，近年の産業界においては「仕事ができて実力のある人に備わる特性」がコンピテンシーと呼ばれるようになっている。社会が複雑になるにつれて，学校での成績がよかった人たちが必ずしもコンピテンシーを備えているわけではなく，むしろ近年では学業成績が仕事上の業績や人生の成功とはあまり関係がないともいわれている。そうだとしたら，変化の激しい予測困難な現代社会において，子どもたちが主体的に自ら生きていくための新しい学力が求められる。その新しい学力としてコンピテンシーが注目されているのである。

OECD の「コンピテンシーの定義と選択（DeSeCo)」プロジェクトは，社会のグローバル化への対応として国際的に共通する重要な資質・能力を定義し，その評価と指標の枠組みを開発するためのものであった。そこでは「特定の状況の中で（技能や態度を含む）心理社会的な資源を引き出し，動員して，より複雑な需要に応じる能力」をコンピテンシーとして定義している。またそれは，① 個人の成功にとっても，社会の発展にとっても価値をもつもので，② さまざまな状況において，複雑な要求や課題に応えるために活用でき，③ すべての人にとって重要なものであるとされている。

図6－1に示されているように，特に重要なキー・コンピテンシー（鍵となる資質・能力）として，「相互作用的に道具を用いる力」，「社会的に異質な集団で交流する力」，「自律的に活動する力」の３つがある。

「相互作用的に道具を用いる力」は，言語等の記号をはじめ，知識や情報，技術を相互作用的に用いる能力，「社会的に異質な集団で交流する力」は，他者と良好な関係を築いて協働し，争いを解決する能力，「自律的に活動する力」は，自らの権利や利害，限界やニーズを表明しながら，大きな展望の中で人生

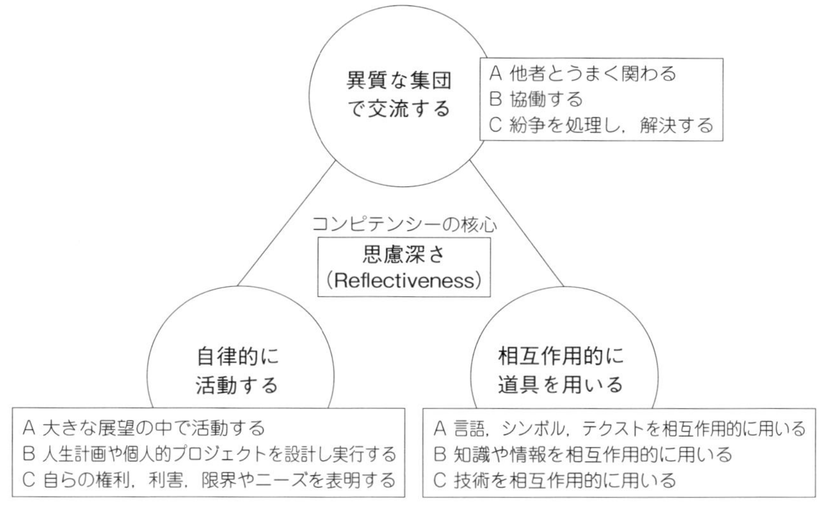

図 6－1　キー・コンピテンシーの構造

出典：国立教育政策研究所（2016：23)。

計画や個人的プロジェクトを設計・実行する能力として，それぞれ具体化されている。これらの中核には，絶えず自己を省察しながら多面的な判断を行うとともに，自分の行為に責任をもって行動するという意味での「思慮深さ(Reflectiveness)」が設定されている。

こうした OECD のキー・コンピテンシーの考え方を踏まえながら，世界各国ではコンピテンシーに基づく教育改革が進められている。実際の世界の動きを見てみよう（表 6－4)。英語圏から見てみると，イギリスは，1999年にすべての子どもを対象とした「キー・スキル」を提示し，コミュニケーションスキル，数学の応用スキル，情報テクノロジーのスキル，問題解決への協働に関するスキルを重視することになった。アメリカは，2010年に「各州共通基礎スタンダード（Common Core State Standards)」を設定し，子どもたちの大学進学や就職に備えるための資質・能力に関する枠組みとして，共通到達目標（高校修了時までの習得事項）および K-12 スタンダード（初等中等教育の各段階での学習事項）を提示している。近年は「21世紀型スキル」を育成する運動が展開し，重視する資質・能力として，情報・メディア・テクノロジーのスキル，学習とイノベーションのスキル，生活とキャリアのスキルを明示している。オーストラリアは，「汎用的能力」を育成するナショナル・カリキュラムを開発し，それをもとに教科横断的な学習を行っている。この「汎用的能力」は，リテラシー，ニューメラシー（数的思考力），ICT 技術，批判的・創造的思考力，倫理的行動，個人的・社会的能力，異文化間理解を含むものである。ニュージーランドは，「キー・コンピテンシー」を育成するナショナル・カリキュラムを設定し，その「キー・コンピテンシー」として，言語・記号・テキストの使用，思考力，自己管理力，他者との関わり，参加と貢献といった資質・能力を重視している。

ヨーロッパに目を移すと，フィンランドでは，1994年からコンピテンシーに基づく教育改革が行われた結果，それが2000年の初回 PISA 調査での高成績につながり，世界からの注目を集めることになった。フィンランドは，人として社会の一員として成長するためのリテラシー，生きるために必要な知識とスキル，教育の機会均等などの推進と生涯学習の基盤づくりのためのリテラシーを重視している。初回 PISA の調査結果にショックを受けたドイツは，全州共通のコンピテンシーとして「教育スタンダード」を設定している。その「教育スタンダード」を通して育成すべきコンピテンシーは，事象コンピテンシー，方法コンピテンシー，自己コンピテンシー，社会コンピテンシーに分類される。フランスも PISA 調査の結果を受け，2005年からすべての児童生徒に保障すべき教育内容の基準として「共通基礎」を設定した。「共通基礎」は，フランス語および現代外国語，数学および科学的教養，情報通信に関する日常的な技術の習得，自律性および自発性，社会的・公民的技能，人文的教養で構成されている。

アジアでは，香港が2000年に「学び方の学び」を発表し，「汎用的スキル」の育成を目指した抜本的な教育改革を進めている。「汎用的スキル」には，ニューメラシー・スキル，情報技術スキル，創造・批判的思考スキル，問題解決，コラボレーションスキル，コミュニケーションスキルが含まれる。シンガポールは，1997年の「思考する学校，学ぶ国家」（Thinking School, Learning Nation）の発表を契機に，思考力を重視するカリキュラム2015を示し，「21世

表 6－4　コンピテンシーと資質・能力目標

地域・国など	能力の名称	下位の能力					
OECD (DeSeCo)	キー・コンピテンシー	相互作用的道具的活用力			反省性（考える力）	自律的活動力	異質な集団での交流力
EU	キー・コンピテンシー	第１言語外国語	数学と科学技術のコンピテンシー	デジタル・コンピテンシー	学び方の学び	進取の精神と起業精神	社会的・市民的コンピテンシー，文化的気づきと表現
イギリス	キー・スキル	コミュニケーション	数字の応用	情報テクノロジー		問題解決協働する	問題解決協働する
アメリカ	大学・キャリアレディネス（21世紀型スキル）			（情報・メディア・テクノロジースキル）	（学習とイノベーションスキル）		（生活とキャリアスキル）
オーストラリア	汎用的能力	リテラシー	ニューメラシー	ICT 技術	批判的・創造的思考力	倫理的行動	個人的・社会的能力，異文化間理解
ニュージーランド	キー・コンピテンシー	言語・記号・テキストの使用			思考力	自己管理力	他者との関わり，参加と貢献
フィンランド	コンピテンシー	生きるために必要な知識とスキル				教育の平等の推進と生涯学習の基礎づくりリテラシー	人として・社会の一員としての成長リテラシー
ドイツ	コンピテンシー	事象コンピテンシー，方法コンピテンシー				自己コンピテンシー	社会コンピテンシー
フランス	共通基礎	フランス語，現代外国語	数学及び科学的素養	情報通信に関する日常的な技術の習得		自律性及び自発性	社会的公民的技能，人文的教養
シンガポール	21世紀型コンピテンシー	情報とコミュニケーションスキル			批判的・創造的思考力	自己意識・自己管理・責任ある意志決定	社会的意識，関係管理，公民的リテラシー，グローバル意識，文化横断的スキル
香港	汎用的能力		ニューメラシー	情報技術スキル	創造　批判的思考スキル	問題解決	コラボレーションスキル，コミュニケーションスキル

出典：松尾（2015）をもとに一部修正。

紀型コンピテンシー」を育むことを目指したシラバスへの改訂を進めている。それには，情報とコミュニケーションスキル，批判的・創造的思考，自己意識・自己管理・責任ある意思決定，社会的意識，関係管理，公民的リテラシー，グローバル意識，文化横断的スキルが含まれている。

このように，国際的に通用する資質・能力としてのコンピテンシーの育成が各国における政策課題となっている。まさにコンピテンシーを共通軸とした教育のグローバル化である。

3　わが国におけるグローバル人材の育成

コンピテンシーに基づく教育改革が世界的潮流となっているなかで，日本はどう対応しているのだろうか。近年，特に求められているのが「グローバル人材」の育成である。「グローバル人材」とは「国際的に活躍できる人材」であり，社会課題に対する関心と深い教養，コミュニケーション能力，問題解決力等の国際的素養を身に付けている人材である。言い換えれば，それは，経済社会の発展に資することを目的に，グローバルな舞台に積極的に挑戦し世界に飛躍できる人材のことである。

政府の見解によれば，「グローバル人材」は，その測定が比較的容易な「語学力・コミュニケーション能力」（要素Ⅰ）をはじめ，「主体性・積極性，チャレンジ精神，協調性・柔軟性，責任感・使命感」（要素Ⅱ），「異文化に対する理解と日本人としてのアイデンティティー」（要素Ⅲ）からなる。これと並行して，これからの社会の中核を支える人材に共通する資質として「幅広い教養と深い専門性，課題発見・解決能力，チームワークと（異質な者の集団をまとめる）リーダーシップ，公共性・倫理観，メディア・リテラシー等」を挙げている。

こうした「グローバル人材」の議論は，内閣府（2003）による「人間力」の提唱に始まり，日本の産業競争力を担う人材に求められる力として，① 知的能力（基礎学力，専門的知識・ノウハウ，論理的思考力，創造力など），② 社会・対人関係能力（コミュニケーション・スキル，公共心，規範意識，他者の尊重など），③ 自己制御的能力（意欲，忍耐力，自分らしい生き方・成功追求力など）が示された。その後，経済産業省（2006）による「社会人基礎力」（① アクション，② シンキング，③ チームワーク）や，文部科学省（2008）による「学士力」（① 知識・理解，② 汎用的技能，③ 態度・志向性，④ 総合的な学習経験と創造的思考力）などが提唱され，これらがコンピテンシーを基盤とした新たな人材育成モデルとなって，最終的に「グローバル人材」の育成へと結実したのである。

「グローバル人材」と聞いて，あなたはどのような人を思い浮かべるだろう。またどうすれば「グローバル人材」を育てることができると考えるだろう。わが国における「グローバル人材」の育成は，産業界から要請されたという事情もあって，まずは大学において推進されることになった。実際，文部科学省は，グローバル人材育成推進事業を開始し，各大学に対して学生たちのグローバル対応力を徹底的に強化し推進する組織的な教育体制を整備するよう求めている。その代表的な施策が「スーパーグローバル大学創生支援事業（Top Global University Project）」（2014）である。この事業は，「グローバル人材」の育成を積極的に推進する大学を「スーパーグローバル大学」に選定し，その大学に補助金を支給するプロジェクトである。「スーパーグローバル大学」には，海外から優秀な教員を獲得し世界大学ランキング100位以内を目指す「トップ型」（13大学）と，大学教育の国際化のモデルを示す「グローバル化けん引型」（24大学）がある。

同様の動きは，高等学校段階でも進んでいる。その先駆けが，2014年から始まった「スーパーグローバルハイスクール」事業である。この事業は，グローバルリーダーの育成に資する教育課程について，またグローバルリーダー育成に資する教育に係る高大接続の在り方について研究開発を行う高等学校を「スーパーグローバルハイスクール（SGH）」に指定し，予算措置を講ずるプロジェクトである。SGH に選ばれた高校は５年間のうちに目指すべきグローバル人物像を設定し，国際化を進める国内外の大学を中心に企業，国際機関等と連携を図り，グローバルな社会課題，ビジネス課題をテーマに横断的・総合的な学習，探究的な学習を行うことになっている。また学習活動において，課題研究のテーマに関する国内外のフィールドワークを実施し，高校生自身の目で見聞を広げ，挑戦することも求められる。ただ，目指すべき人物像や具体的な課題の設定，学習内容は，地域や学校の特性を生かしたものにするよう，各学校の創意工夫が期待されている。全国で123校（2017年現在）が SGH に選ばれている。

たとえば，広島女学院高等学校は「成長目標の共有を通じた生徒・教員協働による高大連携型グローバル人材育成」を SGH の研究開発構想に掲げ，「平和構築（核軍縮）に貢献する人物」をグローバルリーダー像とした「核の惨禍のない世界をめざす，しなやかな女性」の育成を目指している。ヒロシマを発信・継承し世界の平和構築に貢献するリーダーに必要な力を，「平和観」（平和構築の視点からのホリスティックな関連づけ），「対話力」（他者尊重に基づく自己主張を行う対話を通じた最善解の共創），「リーダーシップ」（理想を考え，そこから逆算した行動）と定め，これらの力を養う課題研究「Peace Studies」に取り組んでいる。他県からの広島訪問者に対する平和記念公園内での案内活動をはじめ，沖縄や韓国，カンボジアなどに出かけてのフィールド調査，核軍縮会議への生徒派遣など，学校独自のプログラムを実施し，そのなかで生徒たちは，ディスカッションやプレゼンテーションをはじめ，ディベートやジグソー学習（グループ学習）など，さまざまなアクティブ・ラーニングに取り組んでいる。これらの学習をもとに，最終的に模擬国連核軍縮交渉ゲームを実施し，核廃絶に向けた提言を行うことになっている。

4　次期学習指導要領の新たな学び
――コンピテンシーを育てるアクティブ・ラーニング

このように世界各国でコンピテンシーに基づく教育改革が進められるのに合わせて，わが国の学習指導要領もコンピテンシーを基盤とした学びの変革に向かっている。実際，次期学習指導要領（平成29年３月公示）は，とりわけ「何ができるようになるか」を明確化し，知識の理解の質を高め，資質・能力を育む「主体的・対話的で深い学び」を重視することで，アクティブ・ラーニングによるコンピテンシーの育成を企図している。

これまでの知育・徳育・体育のバランスに配慮した「生きる力」を基盤としながらも，次期学習指導要領は，学習の意義（何のために学ぶのか）を共有しながら授業の創意工夫や教材の改善を引き出せるよう，すべての教科等で育成される資質・能力を，① 知識・技能，② 思考力・判断力・表現力等，③ 学びに向かう力・人間性等の３つの柱に集約している。すなわち，子どもたちに生きて働く「知識・技能」を習得させながら，どの状況にも対応できる「思考力・判断力・表現力等」を育成するとともに，学びを人生や社会に活かそうとする「学びに向かう力・人間性等」を涵養するのである。

各教科等において習得する知識や技能は，個別の「事実的知識」だけでなく，それらを相互に関連づけ，さらに社会のなかで生きて働く知識となることが期待される。たとえば，これまでは「イギリスの首都はロンドン」で，「ドイツの首都はベルリン」，「日本の首都は東京」といった知識（国名と首都）を暗記し，それをテストで解答すればよかったわけだが，これからの学習では「日本の首都は東京」という事実的知識をもとに，「なぜ東京が首都として発展したのか」や「なぜ東京が首都といえるのか」を考察する学習を通じて，都市の発達プロセスや首都機能の仕組みなど，知識相互を関連づけながら理解を深めていくのである。こうして基礎的・基本的な知識を着実に習得しながら，既存の知識と関連づけて考えていくことにより，都市の発展や首都機能に関する深い理解とともに，個別の知識の定着を図り，モスクワや北京など，他国の都市の発展や首都機能の説明にも活用できる知識が身に付くというわけである。

これらの「知識・技能」，「思考力・判断力・表現力等」，「学びに向かう力・人間性等」といった資質・能力を育成するためには，どのような学びが求められるのだろうか。それは子どもたち自らによる主体的，協同的な学びであり，いわゆるアクティブ・ラーニングと呼ばれる学習である。アクティブ・ラーニングとは，学び手が主体となって能動的に学ぶ学習法の総称であり，たとえば，発見学習，問題解決学習，体験学習，調査学習，集団討論（グループ・ディスカッション），ディベート，グループワークなどが挙げられる。

次期学習指導要領は，アクティブ・ラーニングを「主体的，対話的で深い学び」と定義している。「主体的な学び」とは，学ぶことに興味や関心をもち，自己のキャリア形成の方向性と関連づけながら，見通しをもって粘り強く取り組み，自己の学習活動を振り返って次につなげる学習，すなわち「時間軸」を射程に入れての学びである。「対話的な学び」とは，子どもたち相互が協働し，教師や地域の人と対話し，また先哲の考え方を手がかりに考えることによって，自己の考えを広げ深める学習である。まさに「他者や社会との関わり」を通じた学びである。「深い学び」とは，習得・活用・探究という学習プロセスの中で，各教科等の特質に応じた「見方・考え方」を働かせながら，知識を相互に関連づけてより深く理解したり，情報を精査して考えを形成したり，問題を発見して解決策を考えたり，思いや考えをもとに創造したりすることに向かう学習である。いわば「課題解決に向けた探究」としての学びである。

これからの学校教育には「主体的，対話的で深い学び」の視点からの授業改善が期待される。そのなかで，子どもたちがより質の高い学びを実現し，学習内容を深く理解し，資質・能力を身に付け，生涯にわたって能動的（アクティブ）に学び続けられるようにしなければならない。そのポイントとなるのが，「習得・活用・探究」という学習サイクルである。各学校ではすでに，記録，要約，説明，論述，話合いなどの言語活動をはじめ，観察や実験，フィールド調査などが行われてきたことから，今後はこれらの活動の質を高めつつ学習サイクルの確立を図ることが求められる。

たとえば，「習得」段階では，すでに学習した知識を確認し，課題（めあて）を理解する。それをもとに「活用・探究」段階で，実験や調査の計画を立てて実施し，その結果をレポートにまとめて振り返る。そしてさらに新たな知識を「習得」し，新たな課題を確認する。それを次の「活用・探究」段階として実験や調査の企画と実施につなげ，その結果をレポートにまとめて全体を振り返る。そうすることで最終的に深い知識を習得するというわけである。

社会のグローバル化に伴い，予測困難な知識基盤社会を生き抜くための新しい学力の育成が世界的な課題となっている。こうした背景のもと，OECD の PISA を契機として国際的な学力競争が始まり，その新しい学力としてコンピテンシーが注目され，そのコンピテンシーに基づく教育改革が世界各国で進められている。

コンピテンシーの新しさは，「知る」を超えて「できる」を重視する点にあるが，コンピテンシーならびにアクティブ・ラーニングに潜むリスクにも注意が必要である。コンピテンシーは，それが経済的成功をもたらす「グローバル人材」の育成ツールとして矮小化される危険性を孕む。また，競争力の育成を前提としたコンピテンシーの育成が学力格差の拡大に寄与するおそれも指摘されている。アクティブ・ラーニングを取り入れたとしてもそれが形式主義的な学習マニュアルへと矮小化されるなら，実社会や実生活で役立つような課題への探究的な取り組みではなくなってしまうことも懸念される。

社会において誰もが市民としての意識をもち，権利を自覚し責任ある行動をとるというシチズンシップ（市民性）の重要性が認識されつつあるが，結局のところ，コンピテンシーを育成するためのアクティブ・ラーニングの究極的な目標は，グローバル社会のさまざまな問題にローカルなレベルで具体的に取り組む「地球市民」を育てることにあるといえるだろう。

学習課題

① 地球的課題を解決するためのコンピテンシーとしてどのような資質・能力が求められるだろうか。これからの時代に必要とされる資質・能力を挙げてみよう。それらの資質・能力が「知識・技能」，「思考力・判断力・表現力」，「学びに向かう力・人間性等」のいずれに該当するかを検討しながらコンピテンシーモデルを構造化してみよう。

② グローバル化に遅れないよう世界各国が自国の教育を世界標準に合わせれば，その国の教育の独自性が失われないだろうか。教育が世界規模で標準化することに賛成か反対かをグループで議論してみよう。そのうえで，わが国の子どもたちが世界で活躍するために特に身につけるべき資質・能力を挙げ，それらをどのような方法で育成できるのかについて，その理由も含め考えてみよう。

参考文献

国立教育政策研究所編（2013）『生きるための知識と技能〈５〉OECD 生徒の学習到達度調査（PISA）――2012年調査国際結果報告書』明石書店。

国立教育政策研究所編（2016）『資質・能力――理論編』東洋館出版社。

松尾知明（2015）『21世紀型スキルとは何か――コンピテンシーに基づく教育改革の国際比較』明石書店。

松尾知明（2016）『未来を拓く資質・能力と新しい教育課程――求められる学びのカリキュラム・マネジメント』学事出版。

溝上慎一（2014）『アクティブラーニングと教授学習パラダイムの転換』東信堂。

文部科学省（2014）『平成26年度スーパーグローバルハイスクール（SGH）構想の概要』文部科学省。

（卜部 匡司）

コラム　私の原理・原則　6

子どもに言うなら，当然自分も

私には，教師であり続けるうえで最も大切にしていることがあります。それは，「子どもに求めることは教師である私も当たり前のようにやる」ということです。

初めて教師になった年のことです。職員室で先輩教師が自分のクラスの子どもの話をしていました。最初は「自分はこういうことで困っている」という話だったのが，次第に，「あの子はここがいけない」，「何であんなこともできないのか」という感じのものに変わっていきました。私は何となくその場にいて，話を聞いていたのですが，そのときそばにいたある先輩教員から，「ちょっと」と呼ばれて職員室を出ました。「子どもの悪口を言うような会話に絶対入るな。子どもたちに『悪口を言ってはいけない』と言っている教師が悪口を言う。そんなことは絶対にあってはいけない。」あのときの先輩の言葉と厳しい表情は今でも鮮明に覚えています。

思い返してみると，それまでの私は，子どもたちに対して「ああしよう」「こうしよう」と投げかけはしても，自分自身は「忙しいから」とか「大人と子どもは違うから」と，できない理由を並べてやらずにいたことがたくさんありました。そんな教師の言うことに何の重みがあるでしょう。他人にあれこれ言っても自分自身その行動ができていない大人を，私も子どもの頃から信頼してきませんでした。「立派な教師になりたい」というよりも「子どもたちに信頼される大人になりたい」という思いに気づかされた出来事でした。

それからの私は，子どもに言うなら，当然自分もしっかり行うと心に決めて職務に当たっています。たとえば次のようにしています。

> 子どもに「あいさつは元気よくしよう」と言うなら，
> 自分も誰に対しても元気よくあいさつをする。

地域の方と話しているときに，「先生たちの中に，こちらがあいさつをしても返さない人がいるし，あいさつ運動で立っていても，車に乗ったまま，窓も開けず，会釈もせず通り過ぎる先生がいる。そんな人に子どもの教育ができるのか」と言われたことがあります。子どもたちにやるように言っていることは，大人こそ社会人としてやるべきことです。当たり前のことを当たり前にできる人間だけが，人から信頼されるのだと考えています。

子どもに「心をこめて掃除をしよう」と言うなら，
誰よりも進んで汚れているところを掃除する。

寒い冬に，子どもが冷たい水の入ったバケツに手を浸し，雑巾を絞り掃除に取り組むそのときに，箒を持って指示を出すだけの教員もいます。寒い日こそ教員が進んで冷たい仕事に取り組み，汚れているところを進んで掃除すべきだと思っています。その姿を子どもに見せ，ともに汗を流し，人のために働くことの尊さや，学校を大切にする思いを育てていきたいのです。

子どもに「本を読もう」と言うなら，自分もしっかり読書をする。

多くの教員が子どもたちに「読書は大事だ」と話します。しかし日頃から本を読む習慣のない教員が多いことがさまざまな調査によって知られています。人に物事を教えるという行為が許されるのは，学び続ける者だけではないでしょうか。私は，これまで出会った信頼できる先輩からおすすめの本を聞き，まずはそれらを読むことから始めました。その後，教育書に限らず，さまざまなジャンルの本に触れることで自分の世界を広げています。多くの本と出会い自分自身を磨くことは，教師としての大切な資質の一つです。

教師の仕事は学習内容を教えることはもちろんですが，生き方を教えることです。この点において非常に責任重大です。これは教えようとして教えられるものではなく，自分自身の生き方を示すことでしか，なし得ないと思います。乱暴な言葉を使えば，乱暴な言葉遣いの子どもが育つ。冷たい態度を示していれば，冷たい態度の子どもが育つ。良くも悪くも，子どもたちの人格形成に自分が大きく関わっているという思いは忘れてなりません。教師という職業を選ぶということは教師という生き方を選ぶということです。

経験が増えるにつれ，仕事の量も増え，悩みも増えます。しかし，私にとって，この原理・原則だけは絶対に変わりません。毎年学年のスタート時には，「みんなにやろうと言ったことは絶対に先生はやります。できていなかったら遠慮なく教えてください」と話すようにしています。これからも子どもたちと磨き合い高め合いながら，自分自身も人間として成長し続けていきたいです。それができる教師という仕事に誇りをもっていますし，その仕事に携わっていることに感謝しています。

（常岡 敏行）

第7章 教育の方法と技術

みなさんは，これまで数多くの先生や指導者と出会い，授業や指導を受けてきたと思う。「授業が上手い」「指導が上手い」と感じられた人もいれば，そうでなかった人もいたはずだ。いったい何が，授業や指導の上手，下手を分けたのだろう。人柄，ユーモア，雰囲気などさまざまな理由があるだろうが，教える方法や技術の違いは大きい。

普段あまり意識することがないかもしれないが，私たちはこれまでの学校や日常生活の中でさまざまな教育方法，教育技術に触れ，時には知らず知らずのうちにそれらを活用している。教育の世界では，これまでどのような方法や技術が伝えられ，大事にされてきたのか。あるいはこれからの時代，どのような方法や技術が求められていくか。本章ではこの点を考えていく。

1 「教育方法」という問い

日常生活のなかで「教え方」「伝え方」について意識したり，悩んだりする機会は少なくない。おそらく読者のみなさんも自分自身が学習者=教えられる側に立つ中で，「あの先生の授業は面白い」「この人の話は下手だなぁ」と感じた経験があるだろう。逆に，指導者=教える側に立って，子育て，学校や職場での後輩・新人指導の際に，いくらこちらが一生懸命教えてみても，相手に上手く伝わらない，わかってもらえないという歯がゆさを感じたこともあったのではないだろうか。「なんでこんな簡単なこともわからないのか」「この子の理解力や努力が欠けているからだ」と考えるのではなく，自分の教え方のどこがどう悪かったのか，なぜ受け入れられなかったのかと振り返ってみる時に，「教育方法」の探求ははじまる。うまく伝わらないこと，学ばれないことの原因と責任を学習者の能力や怠惰に求める限りは，教育方法や教え方は必要とされない。

教えるという行為に意識的に取り組み，それを名人芸ではなく技術として確立しようとする試みは，17世紀初頭のヴォルフガング・ラトケ（Wolfgang Ratke：1571-1635）やヨハン・アモス・コメニウス（Johann Amos Comenius：1592-1670）により打ち立てられた「教授学」に端を発するとされる。彼らが戦ったのは中世期に主流であった，暗記・詰め込み・体罰に特徴づけられる教育である。当時の教育は，教師から与えられたことを繰り返し丸暗記することが求められ，その成果が十分でない場合には学習者の怠惰や努力不足とみなされ，罰が与えられることもしばしばあった。ラトケやコメニウスはその状況に対し，教師にとっては時間と労力を無駄にすることなく効率的・効果的に教育を行うために，また学習者にとっては楽しくわかりやすく確かに学べるようになるために，「教授学」という名のもとにさまざまな教える技術を構想した。それは，「暗記ではなく，子どもの学習意欲を引き起こすこと」「教える前に全体の見通しを与えること」，「言葉で教えるだけでなく，絵などを用いて視覚的に教えること」（直観教授），「記憶ではなく理解を重視して教えること」などである。このように「教育方法」という考え方は，学習の成果を学習者の責任だけに帰するのでなく，指導者の責任として考えるところから成立してきたものである。

2　学校教育における教育方法・技術——指導案づくりを事例に

「教育方法」という言葉から何がイメージされるだろう。筆者がさまざまな大学で授業を行う際にこのような問いを学生に投げかけると，答えとして出てくるのが，「子どもとの関わり方」「教え方のノウハウ」「板書や問いかけの方法」といったものである。一口に「教育方法」といってみても，その内実はさまざまである。「教育方法」は本来，学力論（何のために教えるのか），教育課程・カリキュラム論（何をどのような順番で教えるか）も含んで，目標—内容—方法を一体的に考えるべきものであるが，本章では教室レベルでの教える技術としてどのような方法や技術が用いられているのかを具体的な授業を例に考えてみたい。

（1）学習指導案とは

「教師は二度授業する」といわれる。この言葉は，教室のなかで子どもに授業をするその前に，頭のなかでイメージとして授業を計画し実施することを一度目の「授業」として捉えている。多数の学習者に対して何かをわかりやすく，出来る限り楽しく教えたいと思えば，行き当たりばったりで思いつくままに教えるわけにはいかない。綿密な準備と計画が求められる。ひとまとまりの時間（単元）ないしは一時間の授業の指導手順を構想した計画のことを「学習指導案」と呼ぶ。

ここで一つ考えてみてもらいたいのだが，みなさんが教師だったとして，学習指導案にどのような事柄を書き込むだろうか。一例として，有名な国語の教材「ごんぎつね」（小学校四年生）を用いることにしたい。「ごんぎつね」のどの場面でも構わないが，自分が授業をするとしたら，あなたはどのような指導案を作成して授業に臨むだろう。図7-1をもとに，学習指導案の構成要件を考え，授業に埋め込まれたさまざまな教え方を検討してみよう。

（2）指導案づくり ①――教える「ねらい」をもつ：教材研究

指導の計画を立てるにあたってまず必要となるのは，その単元や一時間で教える「ねらい」，つまり「この単元・時間でこれだけはどうしても伝えたい」というものをもつことである。「ごんぎつね」そのものは一つの物語文に過ぎず，その物語について知ったり，内容を覚えたりすることが学習の目標ではない。ここで考えるべきは，「ごんぎつね」という教材“で”子どもたちに何を考えさせたいのか，どのような学力を形成したいのかということである。先ほどの参考例では，「主眼（本時のねらい）」として「中心人物であるごんの行動や心内語に着目し，いたずらをしたことを後悔しているごんの心情の変化を読み取ることができる」が設定されていることが見て取れる。

教育の世界では，「『教科書（教材）を教える』のではなく『教科書（教材）

第４学年　国語科指導案

１　単元名　感想を伝え合おう　「ごんぎつね」（新美　南吉）
２　主　眼　中心人物であるごんの行動や心内語に着目し，いたずらをしたことを後悔しているごんの心情の変化を読み取ることができる。
３　準備物　挿絵，ごん日記，兵十日記（※１）
４　展　開　（4／12）

学習活動・学習内容 （・内容　◎予想される児童の反応）	教師の働きかけ （Ｔ教師の発問　○教師の手立て　☆評価）
１　第３場面を音読し，本時の学習の見通しをもつ。 ・いたずらぎつねのごん ・本時のめあて（目標）	Ｔ　これまで，ごんはどんな気持ちでいたずらをしていましたか。 ○　第２場面までのごんの行動から，いたずらをしてごんの気持ちやそれに対する兵十の気持ちをごん日記や兵十日記で確認させる。
なぜ，ごんは「ちょっ，あんないたずらをしなけりゃよかった」と思ったのか考えよう。	
２　ごんが見たものやごんが考えたことを確かめ，ごんの気持ちについてまとめる。 ・葬式の様子と兵十の母の死 ・ごんの心内語 ・兵十の表情や情景描写 ◎兵十にひどいことをしてしまった ◎おれがいたずらをしなければ ◎兵十ごめんね	Ｔ　ごんの気持ちが分かる言葉や文を抜き出し，兵十に対するごんの気持ちを考えましょう。 ○ごんの気持ちを考える際に，変化する気持ちについて，地の文や行動，会話など叙述を基に把握し，関連的にとらえていくことを確認する。 ○ごんの性格や気持ちの変化について，根拠を明確にして書くようにさせる。 ○ごんが兵十のお母さんがうなぎを食べたがっていたと思い込んでいる様子にも気づかせる。
３　ごんの気持ちの変化について，小グループで話し合う。 ・これまでのごんと今のごんとの比較 ・軽い気持ちから後悔へ ・兵十に対する償いの気持ちの芽生え ◎同じ感想をもった友達が多いな。 ◎ごんは兵十のことをどう思っているのかな。 ◎ごんは一生懸命に兵十のことを考えているな。	Ｔ　ごんの気持ちの変化について話し合いましょう。 ○第２場面までのごんの気持ちと第３場面の気持ちとを比較しながら考えさせることにより，ごんの後悔や気持ちの変化について気づくようにさせる。 ○グループで考えたことを発表し合うことを通して，一人一人の感じ方についての違いに触れ，多面的な見方ができるようにする。 ☆ごんの行動や内心語に着目し，いたずらをしたことを後悔している気持ちを読み取ることができたか。（行動観察，ワークシート）
４　本時のまとめとふり返りをする。 ・気持ちの変化 ・次時の学習の見通し	Ｔ　ごん日記，兵十日記を使って，学習のふり返りをしましょう。 ○友達の考えを聞いてからの感想，今後の学習への期待などを発表させ，次時の学習へつなげる。

（※１）ごん日記，兵十日記：登場人物の立場で，気持ちを表現させるワークシート

図７－１　指導案の作成例

出典：茂田幸恵氏作成。

で教える』」というフレーズが用いられることがある。与えられた教科書（教材）を絶対視し，その内容を解説するという発想にとどまるだけでは，なぜ，何のためにその教材について学習するのかという問題が置き去りにされてしまう。

この問題はとりわけ日本の子どもたちにとっては深刻な問題でもある。現在，日本の教育に大きな影響を与えている PISA と呼ばれる国際学力調査（第六章を参照）について，メディアではそのランキングの上下が報道される機会が多いが，同時に子どもの学習意欲や態度についても注目する必要がある。たとえば，2015年の調査では，日本の子どもの学力は OECD 平均を大きく上回り上位に位置づく一方で，学習の楽しさや動機づけに関する指標は OECD 平均を大きく下回っていることが明らかとなっている。この問題は今に始まったことではなく，PISA 開始年の2000年ごろから「学びからの逃走」といったフレーズで，学ぶことに意味を感じることができない子どもの存在が指摘され続けてきた。

教える側がその教材の価値や面白さをわからず，「教えたいこと」をもっていないままに，「さぁ，興味をもって学びなさい」と子どもに投げかけても，子どもたちに学ぶことの意味を実感させるのは難しい。だからこそ，改めてなぜその教材を学ぶことが必要なのか，その教材を使って一体どのような知識や能力を子どもに獲得させたいのか，教師自身が主体的に考えることが必要となるのである。場合によっては，教科書に掲載されている教材だけでは不十分だと感じ，子どもたちにとって身近な素材を活用した教材を自分で作り授業をするという工夫がなされることもある。

著名な実践として，鈴木和夫によって行われた缶コーヒーを教材とする社会科の授業実践がある。この実践では，缶コーヒーについて，グループで探求する課題（たとえば，コーヒー豆の産地，缶の原料，価格決定の基準など）を設定し，調査を進めていく。その結果として，日本のアルミ工業が南の国に依存し，公害を引き起こすような環境破壊をしているケースもあること，「南が作り北が飲む」といった南北問題を背景に日本の工業が行われていることなどを子どもたちは学びとっていく。

このように教材から教科内容=「その教材で教えたいこと」を発見したり，その教科内容にふさわしい教材を選択・作成したりする仕事は「教材研究」と呼ばれ，指導案づくりの出発点となる作業である。この教材研究は，授業づくりのうえで最も楽しく，また大変な部分でもある。なぜなら，教材研究にはこれといった正解があるわけではなく，教師自身がまさに“主体的”に進めていかなければならないからである。同じ「ごんぎつね」の教材を用いても，ある教師が考える「子どもに考えさせたいポイント・読み方」と別の教師が考えるそれは違ってくる。目の前の子どもの状況（これまでの学習履歴，学習能力，興味・関心）をふまえながら，授業の「ねらい」を決定していくことが求められるのである。

（3）指導案づくり ②――指導の展開を計画する：発問

教師がいくら「教えたいもの」を強くもったとしても，それを熱く語るだけでは学習者に伝えることはできない。具体的にどのような，教える―学ぶ活動を通して，学習者に学び取らせていくか，指導の展開を計画することが次に必要となる。さて，再び先ほどの「ごんぎつね」の参考例に立ち戻ってみよう。

一般に「展開」は，横軸に① 学習活動，② 教師の働きかけ（指導内容），③ 指導上の留意点や評価の観点が設定される。縦軸には，展開計画を時間の経過や活動内容に応じて，三つないしは四つの段階が構想される。縦軸は，一般的に，「導入」（テーマに対する興味・関心の喚起，既習事項の振り返り），「展開」（その授業で考えるべき主題についての問いかけ，授業のヤマ場），「終結（まとめ，終末）」（問題の解決やまとめ）といった区分がよく用いられる。あるいは，学習者の目線に立って，「つかむ」「みつける」「たしかめる」「まとめる」といった言葉で構想することもある。

指導案の基本的な形式は以上のとおりであるが，形式それ自体にさほどこだわる必要はない。たとえば，横軸の項目や順番も，「学習内容―学習活動―指導上の留意点」や「発問―資料―生徒から引き出したい知識」など，自分の授業が進めやすいように自由に設定してよい。形式より重要なのは，その中身，つまりどのような方法を用いて，どのような学習活動を設定して授業を展開していくかということである。

教師に求められる授業の技術は，板書，説明，指示，評価など多数あるが，そのなかでもとりわけ重要とされる技術が「発問」である。これまでの学校での経験を思い起こしてみてほしい。特に小学校や中学校では，先生から問いが出され，それを子どもたちが答えるという形の授業が多かったのではないだろうか。先ほど挙げた指導案の例を見てみても，授業内で予定されている教師の発言は「〇　教師の発問」として書かれており，教師の問いかけと子どもの答えの繰り返しで授業を進めていこうとしていることがわかる。こうした光景は日本全国どこでも見られるものであるが，実は不思議な光景でもある。なぜなら，日常生活で行われる問いかけの多くは，知らない人が知っている人に行う（質問：児問師答）のが普通だからである。しかし，教育の現場で行われる問いかけは，知っている人＝指導者が，知らない人＝学習者に尋ねる（発問：師問児答）という構図になっている。なぜこのような方法がとられるのだろうか。

このような問いを考えるヒントとして，「教えねばならないことは教えてはならない」というキーワードに注目してみよう。指導者は，たしかに「教えたいもの」を明確にもたなければならない。しかし，それは学習者によって学び取られる必要がある。言い換えれば，教師がもっている「教えたいこと」を教師の側から提示してしまうのではなく，授業のなかで子どもたち自身に思考させ，気づかせ，子どもたちの口から出させるところに授業というものの難しさがある。教育の世界で，他の技術以上に発問の技術が重要視されるのは，「教える」という営みを単なる情報の伝達過程としてではなく，学習者による思考と発見の過程として捉えるからである。

以上のような理屈をふまえてみても，実際に発問をつくり，問いかけを通して学習者に「教えたいこと」をつかみ取らせるというのは非常に難しい。問いかけさえすれば学習者の思考がゆさぶられ，活発化するというものではない。「ごんぎつね」を例に考えてみても，いきなり「この物語の主題は何でしょうか」や「ごんを撃ったとき，兵十はどんな気持ちだったでしょうか」と抽象的に問いかけられても，答えるのが難しかったり，答えが拡散してしまったりする。あるいは，「ごんはどれくらいの間，あなにしゃがんでいたか」など正解の決まった問いかけばかりでは，教師と生徒の一問一答形式の授業となっていき，考える場面自体が生まれにくくなることもある。一問一答形式の発問や大きな発問が必ずしも悪いわけではないが，授業の中心となる発問（主発問）は，子どもたちが考えやすく，しかも多様な反応が返ってくるものがよい。たとえば，坂本泰造による次のような発問計画がある。

発問：「ごん，お前だったのか」，これは，兵十が，ごんに質問しているのだろうか。

○発問した後，少なくとも一分間は待つ。そして，子どもたちの考え，イメージをじっくり創らせる。

○子どもたちの「多様な考えやイメージ」を出させ，それをほめていく。やがて，多様で，深く豊かな考えやイメージを出すようにしむけていく。

○予想される考えやイメージ

（イ）ごんにきいた（質問した・たずねた）のだ

（ロ）確かめたのだ

（ハ）おどろいたのだ

（ニ）おどろきと同時に，こうかいの気持ちがあった

（ホ）こうかいしたのだ

（ヘ）こうかいと自分をせめる気持ちが強くあった

○子どもから出てきた発言を，いくつかの「柱」に整理し，「理由（論拠）」をあげさせながら全体で討論する。

「ごんを撃ったときの兵十の気持ちは？」という率直な問いではなく，「ごん，お前だったのか」という発言をめぐって，それが疑問文か否かという問いの形で子どもが考えるべき内容を限定している。この坂本による発問計画のポイントは発問そのもの以上に，発問の後，すなわち子どもの応答を予想し，その「受け方」まで構想している点にある。発問づくりは，問いを考えることだけでは終わらない。問いかけた後には答えがあり，その答えが次の学習活動につながっていく必要がある。

指導案を作成するときに，発問は書いていても，子どもから出てくることが予想される意見が想定されていないことがある。こうした時には，教師が期待する正答だけが想定されていて，実際の授業では「はい，Ａくん……うーん」「Ｂさん……」「Ｃくん……」「Ｄさん……そう正解だね！」といった形で授業

が展開していく危険性がある。発問を考えるということは，問いかけに続く応答の予想，さらにそこで出てきた答えが次の学習活動にどのようにつながっていくかという点まで含めた作業であることに留意しておきたい。

（4）指導案づくり ③——学びをみとる：評価

教師が「教えたいこと」をもち，子どもたちの「学びたいこと」になるよう展開の計画を練り，実施する。その後に待っているのは，「評価」である。「評価」という言葉からは，テスト，通知表，内申書，成績など，自分が評価の対象とされ，明るいイメージよりは，何か重苦しいイメージを想起する人も多いだろう。考えてみれば，評価なんてものがなければ，できる子—できない子，エリート—落ちこぼれなど生まれない。なぜ学習者の学習成果は評価されなければならないのだろうか。

学校教育において評価を行う意味について，小学校学習指導要領解説総則編には次のように書かれている。「評価のための評価に終わることなく，児童一人一人の学習の成立を促すための評価という視点を一層重視することによって，教師が自らの指導を振り返り，指導の改善に生かしていくことが特に大切である」。ここに書かれているように，子どもの学習を評価するという行為は，けっして評価すること自体が目的であったり，成績をエサに子どもに努力と競争を強いたりすることが目的ではなく，子どもの学習を促すことに向けられていなければならない。そのための第一の方向性として，評価すること自体を指導にしていくことがあるだろう。つまり，子どもの努力の成果や伸び，あるいはさらに伸ばせる可能性を明らかにし，子どもにフィードバックしていくことで子どもの学習意欲を喚起し次の学習の見通しを与えていくということである。「授業を頑張ったからハイ終わり」では，その授業のなかで何を学んだのか，あるいは次の学びに向けて何を生かしていけばよいのかといったことがイメージしにくい。また第二の方向性として重要なのが，「自らの指導を振り返り，指導の改善に生かしていく」ということである。筆者自身も大学で教鞭をとる中で，授業としてはきちんと伝え，理解されたかなと思うことでも，いざ授業後にコメントシートを書かせてみたり学期末にテストをやってみたりすると，思いのほか学生に伝わっていなかったという経験がある。果たして実施した指導は適切なものであったのか，もっと違う可能性はなかったのか，など学習の評価は同時に指導の評価にもつながっている。このように評価を自己目的化して「評価あって教育なし」という状況にとどまらず，評価を通して指導したり，次の指導に生かしていこうとする考え方を「指導と評価の一体化」と呼ぶ。

では具体的にはどのような方法で学習者の学びを見取っていけばよいのであろうか。医療や看護の世界でも，特定の検査だけでなく日常的な状態の見取りが重視されるが，教育の世界においても学期末や単元末に行われるテストだけが評価の方法ではない。再度，参考例の指導案に注目してみよう。「教師の働きかけ」の欄に，「Ｔ 教師の発問　○教師の手だて」と並んで「☆評価」が設定され，展開のなかで「☆ごんの行動や心内語に着目し，いたずらをしたことを後悔している気持ちを読み取ることができる（行動観察，ワークシート）」として，一時間の授業のなかで子どもの学びをどのような点に注目して見取るかの具体的な見通しが記されている。授業のなかで子どもが記述するノートやワークシート，授業内での発言，音読の際の読み方の変化なども重要な評価の素材を提供してくれる。逆に，評価の基準をもたずに授業に入ると，教師の期待する答えを言い当てることができる子どもばかりが評価される，あるいは「いいね」「頑張ったね」といった形で具体性の無い評価に終わってしまうことになりかねない。従来，授業づくりを進めるうえでは，まず教えるべき内容があり，指導が行われた後で評価方法を考えがちであったが，近年提起されているのは，授業，単元，学期，学年が終わった後に一体どのような力を身に付けておいてほしいか，またそのことを評価するための方法はどのようなものかといった教育の結果から授業を構成していく考え方である。もちろん，このように目指すべき結果を明確にし，そこにこだわりすぎることで，教師の期待に沿わない子どもの成長を無視したり，切り捨てたりすることがないよう留意しておく必要がある。

以上，学習指導案づくりを例にしながら，教えるための技術や方法について論じてきた。指導案を実際に作成するかどうかは抜きにしても，明確な目的をもって深い学びを誘発するには，教えるための計画づくりが不可欠となる。しかし他方で留意しておくべきことは，指導案はあくまで教えるための「計画」に過ぎないということである。「授業は生き物だ」といわれるように，その場にいる学習者の学習能力や学習意欲，指導者―学習者の信頼関係，その日の様子や出来事といったさまざまな事柄に影響を受ける。同じ指導案をもとに授業しても，ある学級ではうまくいったものが，別の学級ではまったくうまくいかないなどということはよくある。そもそも「指導案通りにうまく授業が展開した」ということはよいことなのだろうか。教師にとっては会心の出来かもしれないが，指導案通りに進めるために強引な授業展開をしてしまう危険性と表裏一体である。刻々と変化する学習者（集団）に対応しながら授業を進めていくためには，指導案を豊かに構想した上で，実際には臨機応変に判断し対応する力量が求められる。教育の世界では，このような「状況に応じた素早い判断と決定」を「教育的タクト」と名づけてきた。タクトとはオーケストラの指揮者の指揮棒であり，同じ作品や楽譜であっても指揮者のタクト次第でオーケストラの演奏はまったく異なった個性的なものとなることがよく知られている。指導者も同様に，授業のなかで生じる学習者の反応や意見を取り上げて方向づけて返したり，対立点を明確にしたり，つまずきを拾ったりしながら教授活動を展開していく必要がある。

3 「教える－学ぶ」のこれから――教育方法の不易流行

ここまで伝統的に積み重ねられてきた教育方法のさまざまな工夫について考えてきたが，教育の方法や技術には時代に応じて「流行」がある。学校教育の場合，この流行は学習指導要領に左右されることが多い。学校でいつ何を教えるかの基準となる学習指導要領は，おおよそ10年に一度のペースでその時代・社会の状況に対応しながら改訂される。こうした教育方法の流行と衰退を端的に示す例としては，いわゆる「ゆとり教育」の盛衰が挙げられる。80年代後半から90年代は，教育方法のキーワードといえば，「個性尊重」や「個に応じた指導」が挙げられており，学校の研究主題に多く並べられていた。しかし，

2000年代以降，OECDによるPISA調査やキー・コンピテンシーの提示をきっかけとして「他者とかかわる学力」「異質な他者との共同」などが話題になり，「脱ゆとり」が標榜されるなかで，「学びあい」や「関わり合い」を生かした教育方法が急速に学校現場に広がっていった。そして現在，教育方法の「流行」はどのような形で表れているのだろうか。

近年の教育方法で注目されるキーワードとしては，「アクティブ・ラーニング」が挙げられる。アクティブ・ラーニングは，もともと高等教育段階で広がってきた用語であり，学校教育に限らず医学教育や看護教育でも注目されてきたものなので，このキーワードを耳にしている人も多いだろう。アクティブ・ラーニングという用語については用語が先行して流行しており，誤解されている部分も多い。果たしてどのような意味で用いられているのだろうか。現在のアクティブ・ラーニング・ブームの火付け役でもある，溝上慎一（2014）の定義では以下のように示されている。

> 一方向的な知識伝達型講義を聴くという（受動的）学習を乗り越える意味での，あらゆる能動的な学習のこと。能動的な学習には，書く・話す，発表するなどの活動への関与と，そこで生じる認知プロセスの外化を伴う。

まず目に付くのは，「一方向的な知識伝達型講義を聞く」ことを受動的学習と特徴づけていることである。従来の授業では「聴く」という活動が比重を占め過ぎていたという批判から，アクティブ・ラーニングは「能動的な学習」を目指すわけである。しかし，「能動的に聴く」ことも当然ありうる以上，「能動的な学習」とはどのようにイメージすればよいのであろうか。定義の後半部分に注目してみると，「書く・話す・発表するなどの活動」，つまりアウトプット型の言語活動をともなう学習のことを「能動的な学習」と呼んでいることがわかる。単純化していえば，授業の最後に書くコメントシート（感想）や授業内での発表に始まり，グループワーク，討論など自身の考えたことや調べたことを書いたり，話したりという形で「外化」しながら学習することがアクティブ・ラーニングの意味するところである。単に知識や技能を身に付けるだけでなく，社会に出てからも生きて働く有用な学力（汎用的能力）を獲得させるには，教師の話を「聴く」のみならず，自ら思考し，獲得した知識を活用しながら学ぶことが必要だと考えられているのである。当然のことながら，目指すべき学力が変わり，教育方法が変われば評価方法も変わっていく。現在，知識・技能を超えた子どもの学力を評価する方法としてパフォーマンス評価やポートフォリオ評価といった方法が注目されているように，狭い範囲の学力のみならず，言語力，表現力，協調性，自律性など幅広い能力を評価するための方法が今後求められていくことになるだろう。

「学校で学んだものなんて社会では訳に立たない」「話を聞くばかりの教育はつまらない」という声は根強く，アクティブ・ラーニングは時代の変化への対応という点では一定の意味をもっているし，多くの人に受け入れられている部分もある。ただし，それ以上にアクティブ・ラーニングを疑問視する声も数多くある。たとえば，「活動することが目的になってしまい深まりが無い」「能動的な学習を強制的にやらせている」「特定の教育方法を押し付けている」「集団の苦手な子や特別なニーズを抱える子どもが排除されやすい状況を生み出している」などである。どのような教育方法にも必ず功罪両面が存在し，優れた部分の影には暴力性が潜んでいる。「流行」の教育方法が必ずしも最先端のもの，より優れたものとは限らない。逆にいえば，これまで行われてきた過去の教育方法が必ずしも時代遅れのもの，より劣ったものとも限らないわけである。

改めて本章の冒頭で述べたことに立ち返ってみたい。ラトケやコメニウスといった「教授学」の創始者たちが提案した教育方法それ自体には，すでに時代と合わなくなったものも数多くある。しかし，彼らが追い求めた「すべての学習者により楽しく，より苦労なく，より深い学びを」という理念は，そこから400年が経過した現代においてもなお引き継がれている教育方法の根本的テーマである。「よい教育方法」の探究は，学習者の前に立ち，目の前の学習者を読み解き，それにふさわしい方法を選択し，その取り組みを省察し，改善していくという関係的な取り組みの中で生成されていくものなのである。

学習課題

① 教材研究，発問，評価の三つの視点をふまえながら，学習指導案を作成してみよう。学校教育の教科や教材に限る必要はなく，「自分の得意分野」や「趣味」などでも構わないので，「教えたいこと」「それを教えるための問いかけ」「学ばれたかどうか確認する方法」を考えて，15分程度のミニ授業をつくってみよう。さらに，4～5人程度のグループで実際にミニ授業を行い，お互いに授業の批評をしてみよう。

② 教育方法の「流行」にはどのようなものがあっただろうか。自分より年下の世代（子ども世代），あるいは親世代，祖父母世代と話してみて，自分が受けた時の授業やカリキュラムとの違いを書き出してみよう。さらに，こうした違いはどのような時代の変化によるものなのか考察してみよう。

参考文献

コメニウス著，鈴木秀勇訳（1962）『大教授学１・２』明治図書出版。

坂本泰造（1987）『授業は「ゆさぶり」で勝負する』あゆみ出版。

鈴木和夫（2005）『子どもとつくる対話の教育―生活指導と授業』山吹書店。

溝上慎一（2014）『アクティブラーニングと教授学習パラダイムの転換』東信堂。

文部科学省（2008）「小学校学習指導要領解説　総則編」。

（熊井　将太）

コラム　私の原理・原則　7

まずは，良さを

「Aさんは，こつこつと自主勉強をしていますね。自分の考えもどんどん深くなっていますよ。今度は，授業中にもAさんの考えを聞かせてね」
「B君は，だんだんと字が丁寧になってきたね。すごいよ。今度は，何分ぐらいで漢字が書けるのか時間を計って，ここに何分って書いておこうね」

私には，教師になって以来，意識してきた原理・原則があります。それは「まずは，良さを。その後に，改善点を」です。Aさんは，こつこつと勉強しますが，みんなの前で自分の考えを伝えることは少し苦手です。B君は，やっと字が丁寧に書けるようになったのですが，スピードは遅いです。AさんもB君も，それぞれ良い点も改善点もあります。でも，教師としての私は，まずは良さを伝える。このことに努めてきました。ところがです。その原理・原則を実行できていない自分がいました。

私は30代後半で，市内初の「学力向上推進教員」になりました。授業改善をねらいとして，市内の各学校を指導して歩く，いわば「先生の先生」です。「あの場面での先生の発問，私なら別のものにしていたと思います。子どもたちは必至に答えようとしていましたが，先生の発問ではちょっと答えるのは厳しかったですね」。私は，特に若手の先生たちに「改善点」ばかりを伝えてしまっていたのです。当然のごとく，指導される側の先生たちと私との間には距離感ができてしまい悩みました。今から思えば，「指導しなければ……」という思いが強すぎたのかもしれません。私の仕事に対する理解も私自身に対する信頼もないところからのスタートで，苦難の連続でした。

ある日のことです。私は，友人のある先生の授業を見た後で，とても自然に，「さすが！　素晴らしい板書だね。あんな構造的な板書は誰もまねできないね」という言葉をかけました。すると「あんたは，いつもそうやって良さを伝えてくれるから，やる気がでるんだよねえ」と友人は返してくれました。ハッとさせられました。よかれと思って，若手の先生方に改善点ばかりを伝えてしまっていた自分。子どもたちに対してはつねに心がけてきた自分のモットーを，若手の先生方に対しては貫けなかった自分がそこにはいました。

次の日から，私は，若手の先生方にも「まずは，良さを。その後に，改善点を」という姿勢で臨みました。すると，みなにこやかになり，その後で私が伝える改善点もうなずきながら聞いてくれます。距離感は縮まり，私は「学力向上推進教員」の仕事が楽しくなってきました。

私が友人の良さをすぐに見つけることができたのは，その友人を尊重していたからに他なりません。一緒に切磋琢磨してきたその友人は，子どものために努力を惜しまない先生です。もちろん彼女にも伝えるべき改善点はありますが，誰よりも授業に対する誠実な姿勢を私は評価していました。

若手の先生方はたしかに未熟な点も多く，それが目につきますが，授業準備や熱心さには素晴らしいものがあります。まずはその点を評価し，そして何よりその人を尊重しなければいけませんでした。

その後の私は，「まずは，良さを。次に改善点を」という原理・原則に従って指導を続けました。すると，改善点を自分から乗り越えようとする先生方が一人，二人と増えていったのです。なかには，こちらが良い点を伝えただけで，自分から改善点を口にして，苦手な部分をぜひ克服したいと言ってくる教師も出てきました。私は嬉しくなりました。

まずは，良さを。誰に対してもこの原理・原則で接するように心がけています。

（重永美津子）

第8章 教育課程とカリキュラム・マネジメント

児童生徒に質の高い学びを保障していくことは，学校の重要な任務である。そのため学校は，家庭や地域と連携・協働しつつ，教育目標等の達成を目指して教育課程を編成・実施し，それを評価・改善している。一般に，この一連の活動をカリキュラム・マネジメントと呼び，2017（平成29）年３月に改訂学習指導要領が示されて以降は，以前にも増してその重要性が高まっている。

本章では，教育課程の編成に必要な法規や学校における関連するプロセスを概観するとともに，新学習指導要領のなかで示されたカリキュラム・マネジメント推進上の留意点等についても理解を深める。カリキュラム・マネジメントを円滑に進めていくには，校長のリーダーシップのもとで，教員が一丸となった取り組みが欠かせない。教員を目指す人は，自分もカリキュラム・マネジメントに携わることを十分意識して読んでいってほしい。

1　学校における教育課程

（1）教育課程とは

教育課程（カリキュラム）とは，「学校教育の目的や目標を達成するために，教育内容を児童・生徒の心身の発達に応じ，授業時数との関連において総合的に組織した学校の教育計画」（文部科学省 2017）である。

当然のことだが，教師は好き勝手に教育活動を行っているわけではない。学校では緻密な計画のもとに教育実践が行われている。子どもたちの学力の現状や学習意欲，地域の人々や保護者の願いや要望など，学校のおかれた実態を把握したうえで，子どもたちにどのような力をつけてやるのか，どのような子どもに成長させるのかなど，学校として目指すべき教育目標を立てる。それを実現すべく，どのような内容をどのくらいの時間で教えるのかといったことについて，年，月，週ごとに詳細な計画が立てられる。この教育計画を教育課程と呼んでいる。

（2）教育課程編成の一般的流れ

学校で教育課程はどのように編成されるのであろうか。教育課程は前年度までに計画（作成）され，新年度に入ると計画に基づき実施（教育実践）に移され，実施後は進捗状況や成果，課題等について評価がなされ，その評価結果に基づき，次年度の教育課程編成に向けた改善点が明確にされる。このように教育課程は，Plan（計画）→Do（実施）→Check（評価）→Action（改善）→Plan（計画）→……のサイクルで繰り返されている。この流れは一般にマネジメント・サイクルと呼ばれるが，このサイクルを繰り返すことで，教育課程は改善され，学校全体の教育活動の向上が期待される。

教育課程のマネジメントは，校長のリーダーシップの下，全教員が協力して組織的かつ計画的に取り組まれている。教員は，教科担当や学級担任として，各教科，道徳，学級活動や総合的な学習の全体計画や年間指導計画など，自らの担当に関わる教育課程の編成に携わることになる。また，学校の校務分掌組織のなかで，教務部等に所属した場合には，学校全体の教育課程編成に関わることになる。

2　小学校・中学校・高等学校等の教育課程編成のための法的基準

教育課程は，児童生徒や地域の現状や課題等を踏まえ，各学校で編成されるが，学校は公的な性格を有していることから，教育水準の確保のため，教育課程編成の際，一定の法的基準に従うことが求められる。教育課程の編成については，目標，教科等の教育内容，その授業時間数などについて具体的な基準が示されており，教師は教育課程の編成に際してこれらの規定について認識を深めておくことが必要である。

（1）教育目的・目標について

小学校，中学校，高等学校等が学校教育目標を設定する際には，教育基本法や学校教育法など法令に規定された教育の目的や目標を踏まえる必要がある。たとえば，教育基本法では，教育目的として，さまざまな教育を通じて，「平和で民主的な国家及び社会の形成者として必要な資質」を備え，「心身ともに健康な国民の育成」が目指されている（第 1 条）。将来，国や社会を支える健康な国民を育てていくことが目的とされているのである。この目的を達成するために，「幅広い知識と教養を身に付け，真理を求める態度」を養い，「豊かな情操と道徳心」を培うとともに，「健やかな身体」を養うこと，すなわち，子どもの知，徳，体を調和的に発達させる教育（全人教育）が目標のひとつに掲げられている（第 2 条）。さらに，学校教育法では，小学校の教育目的を「心身の発達に応じて，義務教育として行われる普通教育のうち基礎的なものを施すこと」とされた（第29条）。この規定を受けて，「学校内外における社会的活動を促進し，自主，自律及び協同の精神，規範意識，公正な判断力並びに公共の精神に基づき主体的に社会の形成に参画し，その発展に寄与する態度を養うこと」など，社会を形作っていく国民の育成を含む，義務教育の目標を達成するための目標が掲げられている（第21条）。

（2）教科等や授業時間数について

教育課程において，どのような内容を，どのくらいの時間教えるのかは非常に重要である。小学校，中学校，高等学校等の教科等の教育内容やその授業時間数といった教育課程の具体的な基準が学校教育法施行規則で規定されている。

たとえば小学校では教育内容は，国語，社会，算数，理科，生活，音楽，図画工作，家庭，体育，外国語*といった各教科，道徳（平成30年度からは「特別の教科である道徳」），外国語活動，総合的な学習の時間，特別活動で構成されることになっている。

＊小学校の外国語は2020（平成32）年度から全面実施となる。

学校教育法施行規則には，小学校の各学年における各教科，道徳，総合的な時間，特別活動の授業時間数についても定められている。

表8－1　学校教育法施行規則第51条別表第一

区　分		第1学年	第2学年	第3学年	第4学年	第5学年	第6学年
各教科の授業時数	国　語	306	315	245	245	175	175
	社　会			70	90	100	105
	算　数	136	175	175	175	175	175
	理　科			90	105	105	105
	生　活	102	105				
	音　楽	68	70	60	60	50	50
	図画工作	68	70	60	60	50	50
	家　庭					60	55
	体　育	102	105	105	105	90	90
	外国語					70	70
特別の教科である道徳の授業時数		34	35	35	35	35	35
外国語活動の授業時数				35	35		
総合的な学習の時間の授業時数				70	70	70	70
特別活動の授業時数		34	35	35	35	35	35
総授業時数		850	910	980	1015	1015	1015

一　この表の授業時数の一単位時間は，45分とする。

二　特別活動の授業時数は，小学校学習指導要領で定める学級活動（学校給食に係るものを除く。）に充てるものとする。

三　第50条第2項の場合において，特別の教科である道徳のほかに宗教を加えるときは，宗教の授業時数をもつてこの表の特別の教科である道徳の授業時数の一部に代えることができる。

※　上記の表は，平成32年度から全面実施となる。

（3）教育内容等の具体的な基準について

学校の教育課程の編成方針や教科等の教育内容の具体的な基準は，学校教育法施行規則に基づき，文部科学大臣が告示する学習指導要領に示されている。

学習指導要領は，1947（昭和22）年に初めて作成され，学校を取り巻く状況に対応するため約10年ごとに改訂が繰り返されてきた。現行の学習指導要領は，2008年（高等学校，特別支援学校は2009年）に改訂されたものである。

2016（平成28）年12月に中央教育審議会（以下，中教審）が「幼稚園，小学校，中学校，高等学校及び特別支援学校の学習指導要領等の改善及び必要な方策等について（答申）」を公表した。これを受けて2017（平成29）年３月31日に，幼稚園教育要領，小学校学習指導要領，中学校学習指導要領等が告示された。幼稚園は2018（平成30）年度から実施され，小学校2020（平成32）年度から，中学校は2021（平成33）年度から全面実施の予定である。

新学習指導要領は，2030年の社会と，さらにその先の豊かな未来を見据えて改訂されたものである。グローバル化，急速な情報化や技術革新などの急激に変化する現代社会で，学校と社会がよりよい学校教育を通じてよりよい社会を創るという目標を共有し，学校が教育課程を編成する過程で，子どもが必要な教育内容をどのように学び，どのような資質・能力を身に付けられるようにすべきかを明確化するよう求めている。

そのため新学習指導要領は，社会との連携・協働によりその実現を図っていく「社会に開かれた教育課程」を目指すべき理念に掲げている。児童生徒が日々充実した生活を実現し，未来の創造を目指していくには，学校が地域社会など学校外の世界と接点をもちつつ，多様な人々とつながりを保ちながら学ぶことのできる，開かれた教育環境を整備することが必要とされたのである。

「社会に開かれた教育課程」の実現に向けて，各学校は社会や世界の状況を幅広く視野に入れ，学校教育を通じてよりよい社会を創るという目標をもち，教育課程を介してその目標を社会と共有していくという意識をもつことが必要である。また，これからの社会を創り出していく児童生徒が，社会や世界に向き合い関わり合い，自らの人生を切り拓いていくうえで求められる資質・能力とは何かを教育課程において明確化し，さらに，教育課程の実施に当たっては，放課後や土曜日等を活用し社会教育との連携を図るなどして，地域の人的・物的資源を活用し，学校の目指す目標を社会と共有・連携し，その実現に向けてともに努力していかなければならないとされたのである。

3　看護学校等における教育課程編成のための法的基準

（1）教育目的について

看護学校は，「厚生労働大臣の免許を受けて，傷病者若しくはじよく婦に対する療養上の世話又は診療の補助を行うことを業とする」（保健師助産師看護師法第５条）看護師を養成する教育機関である。看護学校の多くは，学校種別上，専門学校に分類され，「職業若しくは実際生活に必要な能力を育成し，又は教養の向上を図ること」（学校教育法第124条）を教育目的として掲げ，看護師に求められる実践的資質・能力の育成に重点が置かれている。一方で，看護大学や看護学部などは，大学として「学術の中心として，広く知識を授けるとともに，深く専門の学芸を教授研究し，知的，道徳的及び応用的能力を展開させること」（学校教育法第83条）とされ，看護学を中心とした関連の学問を深め，それを応用する形で，看護師としての諸能力を高めることに焦点が当てられている。

（2）教育内容や単位数について

看護学校や看護大学等の看護師養成学校の教育内容の基準の設定については，学校教育を担当する文部科学大臣と看護業務を担当する厚生労働大臣の共同の管轄となっており，保健師助産師看護師学校養成所指定規則（以下，指定規則）により規定されている。指定規則は，看護師の国家試験受験資格を付与することができる，一定の水準を備えた学校及び養成所を指定する基準と手続きを定めたものであり，その教育に関し，教育内容及び施設・設備，教員等の教育条件の水準確保という機能を果たしている。各看護師養成学校は，表８－２に基づき，どのような看護師を養成するのかを明示し，それにもとづき教育課程を編成することになる。

表8-2　保健師助産師看護師学校養成所指定規則第4条関係別表第三

教育内容		単位数
基礎分野	科学的思考の基礎	13
	人間と生活・社会の理解	
専門基礎分野	人体の構造と機能	15
	疾病の成り立ちと回復の促進	
	健康支援と社会保障	6
専門分野Ⅰ	基礎看護学	10
	臨地実習　※以下（　）内は内訳	3
	（基礎看護学）	(3)
専門分野Ⅱ	成人看護学	6
	老年看護学	4
	小児看護学	4
	母性看護学	4
	精神看護学	4
	臨地実習　※以下（　）内は内訳	16
	（成人看護学）	(6)
	（老年看護学）	(4)
	（小児看護学）	(2)
	（母性看護学）	(2)
	（精神看護学）	(2)
統合分野	在宅看護論	4
	看護の統合と実践	4
	臨地実習　※以下（　）内は内訳	4
	（在宅看護論）	(2)
	（看護の統合と実践）	(2)
合　計		97

4　カリキュラム・マネジメント

（1）カリキュラム・マネジメントとは

カリキュラム・マネジメントとは，児童生徒の姿や地域の実状等を踏まえて，各学校が設定する学校教育目標を実現するために，学習指導要領等に基づき教育課程を編成し，それを実施・評価し改善していくといった，不断に教育課程を改善する各学校のプロセスのことである。近年，学習指導要領の大綱化・弾力化が進められ，各学校で特色ある学校づくりが推奨され，学校自体が主体的に教育課程編成に取り組む必要性が高まるにつれてカリキュラム・マネジメントの考え方も注目されるようになった。たとえば，1998（平成10）年改訂の学習指導要領では，基本方針として「各学校が創意工夫を生かし特色ある教育活動を展開する」ことを掲げ，新たに総合的な学習の時間が創設され，その内容・方法ともに学校の裁量権が大きく認められた。これに対応して，各学校には教育目標の設定，その達成に向けた教育課程の開発，教育目標の達成状況の評価などに取り組むことが本格的に求められるようになった。

今回の新学習指導要領ではこの「カリキュラム・マネジメント」ということばが文言として初めて登場し，「社会に開かれた教育課程」をはじめとする新学習指導要領の理念を実現し，各学校が教育活動や学校経営を改善していくうえで中核に位置づく重要な活動と捉えられている。各学校は，学習指導要領などを手掛かりとして，児童生徒が「何ができるようになるか」「何を学ぶか」「どのように学ぶか」などについて，教育課程編成のなかで学校自身が組み立てをし，それを家庭や地域との連携・協働のもとで実施し，児童生徒の実態を踏まえ不断にその見直しを図っていくことが求められているのである。

新学習指導要領は，カリキュラム・マネジメントについて，各学校において児童生徒や「学校，地域の実態を適切に把握し，教育の目的や目標の実現に必要な教育の内容等を教科等横断的な視点で組み立てていくこと，教育課程の実施状況を評価してその改善を図っていくこと（学校経営的視点），教育課程の実施に必要な人的又は物的な体制を確保するとともにその改善を図っていくことなどを通して，教育課程に基づき組織的かつ計画的に各学校の教育活動の質の向上を図っていく」（文部科学省 2017）活動と定義している。以下，カリキュラム・マネジメント推進の際の3つの重要な視点について述べていく。

（2）カリキュラム・マネジメント推進のための3つの視点

① 教科等横断的な視点

目指すべき児童生徒に求められる資質・能力を学校全体で組織的に育んでいくためには，各教科等の教育内容を相互の関係で捉え，学校教育目標を踏まえた教科等横断的な視点で，教育の内容を組織的に配列していくことが必要である。そこで，校長のリーダーシップのもとで組織体制を整備し，カリキュラム・マネジメントを通じて，目指すべき資質・能力の実現に必要な教科等の内容について相互の関連づけや横断を図り，必要な教育内容を組織的に配列し，各教科等の内容と教育課程全体とを相互に関係づけることが求められる。

特に，特別活動や総合的な学習の時間においては，各学校の教育課程の特色に応じた学習内容等を検討していく必要があることから，「カリキュラム・マネジメント」を通じて，児童生徒にどのような資質・能力を育むのかを明確にし，効果的な学習内容や活動を組み立て，各教科等における学びと関連づけていくことが不可欠となる。

② 学校経営的視点

教育内容の質の向上に向けて，子供たちの姿や地域の現状等に関する調査や各種データ等に基づき，教育課程を編成，実施，評価して改善を図る一連のPDCAのマネジメント・サイクルを確立することが不可欠である。

校長を中心として，教科等の縦割りや学年を越えて，学校全体で取り組んでいくことができるよう，学校の組織や経営の見直しを図る必要がある。そのためには，校長や教頭などの管理職のみならずすべての教職員が「カリキュラム・マネジメント」の必要性を理解しておかなければならない。たとえば，教師として教育課程全体における位置づけを意識しながら日々の授業に取り組んだり，学校がおかれた地域の実情や児童生徒の実態等からの指導内容を振り返ったり，効果的な年間指導計画等のあり方や，授業時間や週時程のあり方等について，校内研修の受講等を通じて効果的なあり方について研究を重ねていくなど，教員の主体的関わりが学校におけるカリキュラム・マネジメントの成否を握っているのである。

また，学校は，児童生徒にどのような資質・能力を育むかという目標を家庭や地域社会と共有し，学校内外の多様な教育活動がその目標の実現に向けて，いかなる役割を果たせるのかについて検討していくことが大切である。その際，校長がリーダーシップを発揮し，家庭や地域とのコミュニケーションを密にし，地域の慣習や文化，児童生徒の実態を捉えながら，地域とともにある学校として，重点化すべき事項や視点を決定し，学校教育目標や育成を目指す資質・能力，学校のグランドデザイン等を打ち出しながら，特色ある学校づくりに努め，教員はそれを家庭や地域の人々と共有しつつ，その実現に向けて教育活動に取り組んでいくことが重要である。

そして教育課程の評価に関連して，学校評価もカリキュラム・マネジメントとの関連づけのなかで実施することになる。各学校は，自らの教育活動や教育課程の実施状況について，目標の達成状況や達成に向けた取り組みの適切さ等を評価し改善することで，カリキュラム・マネジメントを効果的に推進することになる。文部科学省作成の「学校評価ガイドライン［平成22年改訂］」の「教育課程・学習指導」の項目には，各学校が評価項目・指標等を設定する際の視点として，各教科等の授業の状況・説明，板書，発問など，各教師の授業の実施方法・視聴覚教材や教育機器などの教材・教具の活用・体験的な学習や問題解決的な学習，生徒の興味・関心を生かした自主的・自発的な学習の状況・個別指導やグループ別指導，習熟度に応じた指導などが例示されている。各学校は必要に応じて，これらの視点も参考にしつつ，学校が目指すべき子どもの資質・能力に応じた具体的な評価項目・指標等を設定していかなければならない。

③ 人的・物的資源等の活用

人材や予算，時間，情報，教育内容など，教育活動に必要な人的・物的資源を，地域等の外部の資源も含めて有効活用できるよう再配分することもカリキュラム・マネジメントの重要な課題である。2017（平成29）年２月に文部科学省からだされた「小学校におけるカリキュラム・マネジメントの在り方に関する検討会議報告書」では，新学習指導要領において外国語活動（中学年）および外国語科（高学年）の導入にともない，授業時数が中学年および高学年でそれぞれ年間35単位時間増えたことへの対応を喫緊の課題に挙げ，「時間」という限られた資源を教育内容とどのように効果的に組み合わせていくかという観点で検討がなされている。同報告書では，授業時間数を確保しながら時間割を編成していくに当たり，① 年間授業日数を増加させて時間割を編成する，② 45分授業のコマを週一つ増加させたり，短時間や長時間の授業の設定を増やすなどして週当たりの授業時数を増加させて時間割を編成する，③ 年間授業日数の増加と週当たり授業時数の増加を組み合わせて時間割を編成するといった選択肢を提示している。各小学校は，児童や学校，地域の実態を踏まえた年間計画や時間割編成の最適なあり方を判断していかなければならない。

各学校は，児童生徒に身に付けさせたい資質・能力の実現を目指して，時間のみならず，地域人材の活用や地域教材の開発など，学校内外の教育資源の有効な活用を進めるべく一層の創意工夫が望まれているのである。

（3）教師による授業改善とアクティブ・ラーニング

「教師は授業で勝負する」とよくいわれるが，カリキュラム・マネジメントを進めていくうえで，各教師が児童生徒の学びの質を重視した授業改善を図ることはとても大切な点である。学びの質を高めていくためには，「主体的・対話的で深い学び」，いわゆるアクティブ・ラーニングの実現に向けて，日々の授業を改善していくための視点を教職員間で共有し，授業改善の取り組みを活性化していくことが必要となる。

主体的・対話的で深い学びの実現に向けた授業改善の具体的な内容については，以下の３つの視点に立った授業改善を行うことが重要である。

① 児童生徒が学ぶことに興味や関心をもち，自己のキャリア形成の方向性と関連づけながら，見通しをもって粘り強く取り組み，自己の学習活

動を振り返って次につなげる，いわゆる「主体的な学び」が実現できているか。

② 児童生徒同士の協働，教職員や地域の人との対話，先哲の考え方を手がかりに，考えること等を通じ自己の考えを広げ深める「対話的な学び」が実現できているか。

③ 習得・活用・探究という学びの過程のなかで，児童生徒が各教科等の特質に応じた「見方・考え方」を働かせながら，知識を相互に関連づけてより深く理解したり，情報を精査して考えを形成したり，問題を見いだして解決策を考えたり，思いや考えを基に創造したりすることに向かう「深い学び」が実現できているか。

教科等の特質，具体的な学習内容や児童生徒の実態等に応じて，これらの視点を生かしていき，児童生徒が質の高い学びを実現し，学校が児童生徒に求める資質・能力を身に付け，それを基礎として生涯にわたって能動的（アクティブ）に学び続けるようにしなければならない。

カリキュラム・マネジメントが目指すのは，学習の内容と方法の両方を重視し，児童生徒の学びの過程を質的に高めていくことである。単元や題材のまとまりのなかで，児童生徒が「何ができるようになるか」を明確にしながら，「何を学ぶか」という学習内容と，「どのように学ぶか」という学びの過程を，教育課程編成に盛り込み，実施後の評価を通してさらに改善向上につなげていくことが求められている。このようにカリキュラム・マネジメントは教育課程を軸にしながら，授業改善と学校の組織改善，経営改善などを相互関連的に行うことを意図している。教師は，学校組織の一員として，カリキュラム・マネジメントを担っているという自覚をもち，日々の授業改善に取り組んでいくことが期待されているのである。

なお，このカリキュラム・マネジメントの視点や考え方は，小学校や中学校，高等学校等のみならず，看護学校などの学校や教育施設の教育課程編成でも有効であることはいうまでもない。

学習課題

① あなたにとって身近な学校をひとつ選び，その学校のホームページなどを参照したうえで，その学校が子どもたちに，どのような資質能力（力）を身に付けさせようとしているのか，また，そのためにどのような取り組みをしているのか，それぞれ書きだし，その関係を構造的に整理してみよう。

② あなたが通った学校において，地域の人々が関わった教育活動にはどのようなものがあったか（放課後や週末の活動も含む）を書き出してみよう。そして，これらの活動を通してあなたが学んだこと，得たもの，感じたことを挙げていき，地域との連携や協働による教育活動の意義について考えてみよう。

参考文献

日本教育制度学会編（2013）『現代教育制度改革への提言（下）』東信堂。

ベネッセ教育総合研究所（2016）「今から考えるカリキュラム・マネジメント」『VIEW21（教育委員会版）』2016 Vol. 4，ベネッセコーポレーション。

馬居正幸・角替弘規（2017）『無藤隆が徹底解説　学習指導要領改訂のキーワード』明治図書出版。

文部科学省（2017）「学習指導要領」

（住岡 敏弘）

コラム　私の原理・原則　8

美しい環境づくり

目指す学級像の実現に向けてさまざまな取り組みを始めるなかで，教師としてのあなたは何を大切にしますか？　私はこれまでの生徒との関わりの中で，経験年数や才能に関係なく，誰にでもできて，生徒の姿を確実に変える方法があると考えるに至りました。それが「美しい環境づくり」です。これは，子どもたちのために絶対にやらなくてはならないことだと信じています。

学級担任としての「構え」は，その人の教室環境を見ればすぐにわかります。大人でも一瞬で感じ取れるぐらいですから，感覚的に鋭い時期の子どもたちに与える影響は大きなものです。しかも学校生活の多くをその教室で過ごすのですから，教室が美しい環境であることは健全な育ちの絶対条件です。

私は子どもたちが教室に入るその瞬間が勝負だと考えています。「おはよう！」と気持ちのよい挨拶がしたくなるように，窓を開けてさわやかな空気で子どもたちを出迎えます。そのために，前日のうちにさまざまなものを整えておくようにしています。机の上の落書きや並び方，ロッカーの中身，落ちているごみなどは，生徒が残したメッセージであり，その日教室で何があったかを読み取ることができる貴重なものです。「○○の授業についていけていないのかな？」「○○さんと人間関係がうまくいっていないのかな？」などと想像しながら，誰に声掛けをするか，何を話題にするかといった次の日の「作戦」を立てることもできます。翌日の朝を，美しく整った教室で迎えることは，担任からの無言のエールになります。美しい教室環境に身を置くことで，生徒には前向きで支持的な言動が増えていきます。

学校全体の環境づくりについて，成功例を紹介しましょう。私が勤務した中学校では生徒の規範意識が課題になることがありました。登下校のとき，一階の校舎と校舎の間にある土足厳禁の渡り廊下を多くの生徒が下足で横断していました。あなたなら，この問題をどう解決しますか？　「現場に立って注意する」と考えた人が多いのではないでしょうか。数年前の私もそうしました。しかし，課題の解決には至りませんでした。

たしかに，教師が現場に立っているときはよいのですが，見張り役がいないとまた下足で横断してしまいます。そこで，渡り廊下に沿って花を植えたプランターを並べてみました。すると，花をまたぐことなく所定の通路を通るようになったのです。この経験以降，生徒の望ましい行動を習慣化するためには，言葉よりも，先回りして環境を整えることが効果的だと考えるようになりました。今では，プランターの世話をしてくれる子どもや教職員が増えて，たくさんの花が咲き誇る学校になっています。

美しい環境づくりはすぐに結果が出るものではありません。しかし，やり続けることで少しずつですが確実に子どもたちのなかに染み渡っていきます。「綺麗だな」「美しいな」といった前向きな感覚や思いが育ち，望ましい行動がその学校の習慣や文化として受け継がれるようになれば，そこは，子どもたちが通いたくなる，保護者は子どもを通わせたくなる，そして，教職員も勤めたくなる，そんな学校になるはずです。

学級担任でなくても，学年昇降口や職員トイレに花を生けたり，職員室のゴミ箱の中身を回収して回ったり，できることはたくさんあります。教師になったそのときから，いいえ，教育実習で学校を訪れたときでもできます。「何をやるか」ではなく「なぜやるか」を考え，子どもたちの顔を思い浮かべれば，きっと教師を楽しみながら続けることができます。それがいつか大きな自信となり，あなたを支えてくれるはずです。あなたが教師になってくれることを願っています。

（三時 和久）

第9章 地域・社会と学校

学校や病院は地域住民が生活していくうえで欠かせない存在である。身近に教育・医療機関があることで，私たちは必要なときに教育や医療・看護サービスを受けることができる。だが，地域に学校や病院があることは当たり前だろうか。また，学校や病院はどのような役割や責任を担っているのだろうか。地域と学校・病院の関係はどうあるべきかを考えること。それが本章のテーマである。

近年では，地域と学校の連携が求められている。学校運営に保護者・地域住民が参加する仕組みが整備され，「地域とともにある学校づくり」が推進されている。医療・看護分野においても地域医療の連携が進められている。地域との連携・協働とは，具体的にどのようなものなのか。他方，競争社会のなかで，地域住民から「選ばれる学校・病院」と「選ばれない学校・病院」が出てきている。本章では，このような新たな動向も踏まえながら，地域と学校・病院の関係のあり方について考えてみたい。

1 地域と学校・病院の関係

（1）地域における学校・病院の発展

みなさんにとっての「地域」とはどのようなものだろう。地域という言葉はさまざまな解釈が可能であるが，ここでは，みなさんが日常的に生活する範囲や場所という意味で考えてみよう。山や川など自然に囲まれた光景を思い浮かべる人がいるかもしれないし，住宅街やマンションに囲まれた場所を想像する人もいるだろう。

次に，みなさんが生活する地域にはどのような学校や病院があるか思い出してみよう。これも地域によってさまざまだが，歩いて通える距離に小学校や中学校がある人が多いのではないだろうか。内科などの小さな診療所も近くにあるかもしれない。生活圏内に教育・医療機関があれば便利でもあり，安心して暮らすこともできる。学校は子どもたちが一定の年齢になれば必ず通うものであるし，病院は子どもが生まれたとき，病気になったとき，怪我をしたときなど，子どもから大人まで利用するものである。学校や病院は，私たちの日常生活と密接に関係しており，地域にとって欠かすことのできない存在である。

少し視点を変えてみよう。教育・医療機関が全国的に整備され始めたのは近代以降（日本では明治時代以降）である。では，地域に学校や病院が存在しなかった時代，子どもへの教育や，病気や怪我をしたときの対応は，どこでどのように行われていたのだろう。

近代以前の社会では，「地域社会」が教育や医療・看護の役割を担っていたといわれている。地域社会は，地域の人間関係や地縁的な結びつきを基盤とした社会を指す言葉である。「コミュニティ」や「地域共同体」も，地域社会に近い概念としてここでは使用する。

伝統的な地域社会には「子ども組」や「若者組」といった組織があり，子どもは一定の年齢に達すれば加入していた。このような同年代の集団や，親戚・近隣の人々が地域の子どもたちへの教育的機能を果たしていた。子どもたちは地域の労働や行事などに参加し，その共同体の伝統的なしきたりやルール，慣習を身に付けていくことで地域社会の一員になっていった。大工などの職人になる場合は，親方に弟子入りし，そこで修行しながら必要な技術を学んだ。病気や怪我をした人がいれば，家族や近隣住民が面倒をみたり，妊婦さんがいれば，現代では助産師と呼ばれる産婆さんが出産の対応をしていた。

このように，学校や病院がなくても，子どもたちは地域社会で生活することで，一人前の大人になる仕組みがあった。だが，それで本当に子どもたちは幸せだったといえるだろうか。そして，なぜ学校や病院ができたのかを考える必要もある。

近代以前の社会をみると，子どもたちは地域社会という狭い範囲での価値観や経験しか身に付けることができない。また，小さい頃から親の仕事を手伝い，将来はあらかじめ決まっている場合がほとんどだった。当然，病気への対応も十分にできなかったに違いない。

近代以降になり，国や自治体が公的なサービスを整備していくなかで，子どもが社会で必要な知識や技能，態度等を組織的，計画的に身に付ける場である学校，病気や怪我をした人を治療する病院が作られていった。それと同時に，教師や医師，看護師のような，専門性を必要とする職業人を養成する機関も設置された。その結果，地域における教育・医療・看護の役割や責任は，学校や病院などの組織が担うようになったのである。

（2）地域社会の役割

もちろん現代においても，地域社会が担っていた役割がなくなったわけではない。みなさんそれぞれの子ども時代の1日を思い出してみてほしい。学校にいる間は先生や友人たちと過ごすが，学校が終われば，友人と公園や空き地などへ遊びに行く。塾や習い事に通っていた人もいるかもしれない。そして家に帰り，家族と過ごす。このような日常を見ると，子どもは，学校以外の場で多くの時間を費やしていることがわかる。

教育は学校で行われるというイメージが強いかもしれないが，家庭や地域社会でも教育は行われる。乳幼児期は基本的に家庭で生活するので，親のしつけなど家庭教育の影響は大きいが，外に出るようになれば，地域社会からも多大な影響を受けることになる。

地域社会には多様な人々が生活しており，子どもたちはさまざまな場面で関わっている。登下校のときに，面識のない高齢者から挨拶された経験や，空き地で遊んでいて，初めて会う別の学年の子どもたちと一緒に野球をした経験があるという人もいるかもしれない。地域社会における異年齢集団との関わりを通した豊かな体験は，他者に対する思いやりや相互理解を育むものである。他の子どもたちと遊ぶ場面においても，誰と，何をして遊ぶか，どこで，どのようなものを使って遊ぶかなど，子ども同士で話し合い，それぞれが役割や責任をもって遊ぶことでコミュニケーション能力を身につけるようになる。

また，どのような地域でも，その地域特有の歴史や文化があり，地域の行事や伝統芸能などの形で受け継がれている。人々の多くは，生まれた地域や生活した地域に愛着をもつようになる。たとえば，徳島県では，江戸時代から続く阿波踊りという伝統的な行事がある。徳島に住む子どもたちは小さい頃から踊りを見に行き，大人と一緒に踊るようになる。「連」といわれる踊りグループに入り，本格的な踊りをマスターする子どもいる。地域に対する愛着を自然ともつようになり，大人になれば，その踊りを次世代に伝えたいと考えるようになるのである。

地域社会が担っていた役割は，「地域の教育力」と呼ばれ，現代においてもその重要性が見直されている。みなさんは地域社会からどのようなことを学んできたのか，これを機会に改めて考えてほしい。

（3）地域社会の変化と学校・病院との関係性

近年，「地域の教育力」が弱まってきたといわれている。2005（平成17）年度に文部科学省が実施した「地域の教育力に関する実態調査」によれば，保護者の半数以上が，自分の子ども時代と比較して地域の教育力は低下していると答えている。その原因として，「個人主義が浸透してきている（他人の関与を歓迎しない）」，「地域が安全でなくなり子どもを他人と交流させることに対する抵抗が増している」，「近所の人々が親交を深められる機会が不足している」，「人々の居住地に対する親近感が希薄化している」などが挙げられている。

地域の教育力低下の背景には，少子化の進行，都市部への人口集中や情報化の進展など，社会状況の変化がある。少子化の進行によって，地域社会での子ども集団のさまざまな体験機会は少なくなり，都市化や情報化の進展は子どもから自然と触れ合う機会を奪っている。子どもたちは，家の外で異年齢の子ども集団で遊ぶよりも，家のなかで家庭用ゲーム機やインターネットで遊ぶことが多くなっている。地域から子どもが見えにくくなっている状況がある。

地域社会の人間関係や地縁的な結びつきの希薄化は，地域の大きな課題となっている。たとえば，地域の子どもが道端にゴミを捨てる場面に遭遇したとき，注意するのをためらう人がいるはずだ。なぜ注意できないのだろうか。地域共同体のつながりが形骸化していくと，個々の家庭は見えない壁を作るようになる。そして近隣からの干渉を疎ましく思うようになる。本当は注意したくてもできない状況は，地域の子どもに対して無関心になったというよりも，「しつけをするのは各家庭である」という考えが強まったことも影響していると思われる。

各家庭の孤立化が進めば，子育ての問題などで悩みを抱えていても，近隣に相談しにくい状況に陥ってしまう。いわゆるネット上の情報に頼ることもできるが，正しい情報を見つけることができるとは限らない。祖父母や友人が助けてくれればいいが，誰にも相談できない場合，親の心理的・身体的負担が非常に大きくなる。最悪の場合，児童虐待に至るケースも考えられる。

このような地域社会の変化は，学校や病院との関係にも影響を与える。地域社会の地縁的な結びつきが弱くなれば，各家庭では，「地域の子どもを見守る」というよりも，自分の子どもにこれまで以上に関心をもつようになる。そして，自分の子どもの通う学校にも関心を向けるようになる。1970年代頃から，いじめ，学級崩壊，校内暴力など，学校が抱える教育問題が社会問題化したことも関係しているが，学校や教師は，保護者から批判的な目で見られるようになっている。

「モンスターペアレント」という言葉を誰もが知っている。学校に対し些細なことで怒り，無理なことを要求する保護者のことで，学校現場にとって深刻な問題となっている。医療現場でも，病院や医師，看護師に対し失礼な発言や行動を繰り返す「モンスターペイシェント」という患者が存在しているといわれる。「子どもへの教育は学校がすべて責任をもつべき」や「病院は患者の希望を聞いて当たり前」という意識が強まれば，地域と学校・病院が対立する構図にもなりかねない。

2　地域社会と学校・病院の連携

（1）地域に「開かれた学校」

「開かれた学校」という言葉を聞いたことがある人は多いだろう。1987（昭和62）年の臨時教育審議会答申で登場してから，学校と地域の関係性を述べる際によく使われてきた言葉である。学校が地域に対して「開いている」とは，どのような状態だろうか。「開いている」とは，学校をオープンな状態にすることと考えれば，体育館や運動場，プールなど学校の施設や設備を地域の人々が自由に使ってもいいという「学校開放」の状態と想像できるだろう。「学校開放」は，放課後や休日など子どもたちが学校施設を利用しない時間帯に行われていた。生涯学習の推進という点から，地域の人たちの学びの場として活用されていたからである。

こうした物理的な学校開放に加え，学校が「開いている」状態には，学校が地域の資源や人材を活用することも含まれるようになった。みなさんは近隣の福祉施設を見学して車イス体験をしたことや，地域の伝統工芸の職人さんに講師として学校に来てもらったことはないだろうか。このような学校外の施設の利用や，地域の専門家をゲストティーチャーとして招くことにより，学校で提供することが困難な部分を補うことができる。子どもたちが地域の伝統や文化に興味をもつきっかけになるかもしれない。地域社会の側からみても，学校で子どもたちと関わることで，やりがいや意欲向上につながるメリットがある。

「開いている」状態は他にもある。近年，特に注目されているのが，学校が地域に対して情報をオープンにしているかどうかである。学校がどのような子どもたちを育てたいのか，どのような教育内容や学校行事を計画しているのか，いじめなどの問題があったときにどのように対応するのかなど，学校がもつさまざまな情報を地域の人々が自由にアクセスできる状態のことである。

従来の学校は，情報公開という点では，地域に対して「閉じている」状態にあるといわれていた。特に，いじめや不登校，学級崩壊など学校にとってマイナスになるような情報は十分に公開されていなかった。いじめ問題などが社会問題化していくなかで，学校や教師に対し批判的な目が向けられ，「閉じている」状態が問題視されるようになった。

また，学校がどのような成果を上げているかを点検する仕組みである「学校評価制度」も普及している。この制度には，学校の教職員自らが点検する自己評価に加え，保護者や地域住民などが点検する学校関係者評価がある。たとえば，「開かれた学校づくり」を進めてきた京都市では，教職員，保護者や地域住民，児童・生徒に対し，日常的な学校運営や児童・生徒の様子などに関するアンケートを定期的に実施し，学校の魅力や課題を発見する取り組みを進めている。その分析結果の概要を全学校のホームページで公開するとともに，学校だより等で地域住民や保護者に積極的に情報提供している。

このように，「開かれた学校」は，学校の良さや努力を地域にアピールするとともに，学校が抱える課題を知ってもらう絶好の機会であり，地域住民や保護者からの理解や支援を得るための重要な取り組みといえる。

（2）学校・病院運営への地域住民の参加

「開かれた学校」が推進される中で，地域住民の意見を学校運営に反映させる仕組みも普及している。2000（平成12）年度から導入された「学校評議員制度」は，地域住民や保護者等で構成される学校評議員が，校長の求めに応じて学校運営に関して意見を述べることができる仕組みである。学校評議員に対して積極的に情報公開することは，学校にとって地域への説明責任（accountability）を果たすことになる。学校に対して意見を述べる機会が制度化されたことにより，地域住民にとっても学校の方針や取り組みに不満や問題点があればそれを伝えることができるようになった。導入されてからほとんどの公立学校で普及したものの，地域住民の意見を反映させるかどうかは校長に委ねられており，この制度が十分に機能を果たしていないと指摘されることもあった。

そこで，学校運営への地域住民の参加をさらに進めた制度として，「学校運営協議会制度」が2005（平成17）年度から導入されている。「コミュニティ・スクール」という言葉を聞いたことがあるかもしれない。コミュニティ・スクールは，保護者や地域住民等のメンバーで構成される「学校運営協議会」を設置する学校を指して用いられる。学校運営協議会は，学校運営について教育委員会または校長に意見を述べることができる合議制の組織である。学校運営協議会の特徴は，校長が作成する学校運営の基本方針を承認すること，教職員の任用に関して教育委員会に意見を述べることができるという権限が与えられていることである。

では，地域の学校がコミュニティ・スクールになることで，学校と地域の関係はどのように変化するのだろうか。県内すべての公立小・中学校がコミュニティ・スクールになっている山口県では，学校運営協議会が設置され，学校の教職員，保護者，地域住民，児童・生徒の代表が地域の課題についてじっくりと話し合う「熟議」が行われている。学校運営に地域住民の声を反映させ，地域のニーズに応じた学校を目指す仕組みが進められている。

地域医療の分野でも，地域住民，医療関係者，行政が一体となった取り組みがみられる。宮崎県延岡市では，地域住民が中心となって「宮崎県北の地域医療を守る会」を結成し，地域の病院の医師不足解消に向けた署名活動やシンポジウムの開催を行っている。2009（平成21）年には，全国の市区町村で初めて「地域医療を守る条例」が制定されるなど，地域で病院を支え，地域医療を守る体制を確保しようとしている。

地域住民と教育・医療関係者の対話を積み重ねる場が設けられることは，双方の連携関係をさらに強めることにつながる。学校や病院が抱える課題を地域全体で共有することで，それぞれが役割をもち，連携して解決に向けた取り組みを進めることが期待できる。

（3）「支援」から「連携・協働」へ

コミュニティ・スクールが全国的に普及するなかで，学校を支援する活動も活発に行われている。学校が地域の資源や人材を活用する取り組みは以前から行われていたが，特定の教職員や地域住民との個人的なつながりに基づくものや，偶発的で短期的なものが多かった。そのような個人的人脈に頼る関係の場合，もしその担当者がいなくなればそこで終わる可能性もある。学校支援活動を中・長期的に継続して行うには，地域と学校にはどのような関係が必要だろうか。

学校を支援する活動にもさまざまある。学校支援は，授業補助などを行う学習支援活動，部活動の指導や補助を行う部活動支援活動，校内清掃などを行う環境整備活動，通学路の安全指導などの学校安全活動，会場設営などを行う学校行事支援活動などに分かれる。地域がどのような支援を行えば，教員の負担軽減につながるだろうか。また，放課後に家に帰っても誰もいない家庭の子どもに対して，どのような学習支援ができるだろうか。

部活動の指導を例に学校支援活動を考えてみよう。部活動は，教員が当たり前のように担当してきた業務である。だが，早朝や放課後の練習，休日の引率など，担当する教員の負担は大きい。専門外の部活動を担当せざるを得ない状況であればなおさらのことである。このような学校に対し，地域社会ができる支援はどのようなことだろう。もし部活動の指導や補助を任せることができれば，担当する教員の負担軽減につながるかもしれない。その部活動の専門の資格をもつ地域住民がいれば，児童・生徒に専門的な指導を提供することにもなる。

このような学校支援活動は，地域差はあるにしても，以前から行われてきたものであり，目新しいものではない。ただ，学校支援活動が多様化するなかで，学校がどのようなことを支援してほしいか，また地域がどのようなことを支援できるかを調整する役割や，支援活動を中・長期的に継続する仕組みが求められるようになった。2008（平成20）年度から国が「学校支援地域本部事業」を開始したことで，学校支援活動の組織的な取り組みが全国的に普及した。

「学校支援地域本部」は，地域コーディネーターを配置して，学校支援活動を組織的，計画的に運営し，スムーズに実施できるようにするものである。地域住民のなかには，自分の専門性を生かして学校を支援したいと考えている人や，通学路の安全確保のために活動したいと考えている人がいる。従来のように特定の人脈に頼っていたら，このような人たちをうまく活用できなかった可能性がある。

さらに，「学校支援地域本部」による学校への一方向的な支援活動ではなく，それを超えて，地域と学校がパートナーとして「連携・協働」することが求められている（「地域学校協働本部」といわれる）。地域と学校双方にとってプラスになる取り組みを推進し，「学校を核とした地域づくり」を目指しているのである。たとえば，児童・生徒が地域の行事に参加することで，地域の大人とふれあう機会や多様な経験をする機会を増やすことや，学校を地域住民の経験や学習の成果を生かす場として積極的に活用することなどが期待されている。

学校と地域の「連携・協働」は，地域全体で子どもの学びや成長を支えていきながら，地域社会の活性化を図ろうとするものであり，学校と地域の関係をさらに一歩進めることを目指しており，今後の取り組みが注目される。

3　地域住民から「選ばれる学校・病院」

(1) 地域住民による学校・病院の選択

みなさんは，学校を選ぶことができるとすれば，どのような学校に通いたい（通わせたい）だろうか。たとえば，進学実績が高い学校や部活動に力を入れている学校など，魅力的な学校がそれほど遠くない距離にあれば，どの学校を選ぶだろう。それでもやはり「地元の学校」を選ぶだろうか。

ここでいう「地元の学校」とは，みなさんの居住地から近い公立の小・中学校を意味するが，みなさんの多くは「地元の学校」に通ってきたかもしれない。もちろん国立や私立の小・中学校に通った人もいるだろう。そもそも高校や専門学校，大学は自分が行きたい学校を選ぶことができるにもかかわらず，なぜ公立の小・中学校は自由に選ぶことができなかったのか，疑問を感じたことはなかっただろうか。

2000年代に入り，学校選択制を導入する自治体が増えたことで，地域と学校の関係に変化が見られるようになった。従来，地域の子どもたちが通う学校は，市町村の教育委員会が通学区域に基づいて指定していた。通学区域は，道路や河川等の地理的状況等を考慮して設定されている。どの学校に通うかは市町村の教育委員会が決めるものであり，保護者・子どもが自由に選ぶことはできなかった。それまでも，地理的理由や身体的な理由などで別の学校の方が利便性や安全性が高い場合や，いじめを理由とした教育的配慮が必要な場合などで指定校を変更することは可能であったが，あくまでも例外的・限定的なケースであった。

一方，学校選択制とは，事前に保護者の意向を確認し，子どもが通う学校を変更することができるものである。ただし無制限に行きたい学校を選ぶことができるわけではない。学校数が多い自治体では，ブロックごとに分けてそのブロック内で通学を認めるタイプや，過疎化が進む自治体では，小規模校を特認校に指定し，通学区域外からの通学を認めるタイプなど，自治体の実情に応じてさまざまな学校選択制が導入されている。

では，なぜ学校選択制が導入されたのだろう。一つは，保護者・子どものニーズの多様化が挙げられる。社会状況の変化などから，教育を受ける側である保護者・子どもの学校を選ぶ権利を尊重しようとするものである。もう一つは，少子化が進行し，学校の統廃合が進むなかで，学校教育の活性化を図ろうとするものである。保護者や子どもにとって複数の学校が選択肢になれば，それぞれの学校は保護者・子どもから選ばれるように努力しなければならない。つまり，各学校が長所を伸ばし，特色を出していくことで，学校教育全体の活性化につなげようとしている。

学校選択制の導入は，「地元の学校」に行くことが当たり前だった状況を大きく変えるものである。ただし，学校選択制には賛否両論がある。実際，文部科学省の2012（平成24）年度調査によれば，学校選択制を導入している自治体は小学校で15.9%，中学校で16.3%であり，８割以上の自治体で実施されていない。2000年以降，学校選択制を導入する自治体は増加してきたが，最近は頭打ち状態であり，導入自治体数はほとんど増えていない。むしろ，導入した自治体でもその後，廃止する自治体が出ている。なぜ８割以上の地域で，学校選択制を導入していないのか。次に，地域との関係性に焦点を当てて考えていく。

（２）選ばれる学校・病院，選ばれない学校・病院

学校選択制の導入は，学校と地域の関係にどのような変化をもたらすのか。前述した文部科学省の調査では，「学校選択制を導入しない理由」は「学校と地域との連携が希薄になるおそれがある」という回答が最も多かった（小学校で74.3%，中学校で74.4%）。学校選択制を導入したが，廃止を検討中または廃止した自治体では「学校と地域との連携が希薄になった」ことを理由として挙げた自治体が最も多い（小・中学校ともに40.0%）。なぜ学校選択制の導入によって，地域との連携が希薄になることが懸念されるのだろうか。そもそも地域との連携の希薄化とはどのような状況なのだろうか。

学校選択の自由化とは，言い換えれば通学区域を弾力化することであるから，居住する従来の通学区域とは異なる学校に通う子どもたちが出てくるようになる。その結果，学校と地域住民，保護者，子どもたちとの関係は複雑になる。2004（平成16）年度に学校選択制を導入したものの，2008（平成20）年度に廃止を決定した群馬県前橋市では，「学校選択制見直しの基本方針」を同市ホームページに掲載している。そのなかで，「居住地の子ども会や自治会等の行事に参加する状況が少なくなるとともに，通学している学校区の地域の行事にも参加することが少なくなったこと」，「通学区域外の学校へ通学する際は，地域の見回りも充分にできず，登下校の安全確保が困難であること」などが廃止の理由である。

前橋市の例では，生徒数の偏りが出たことで，特定の学校の生徒が減少している状況もあった。人気校と不人気校で生徒数の差がでれば，最終的には統廃合という事態にまで追い込まれる可能性もある。学校選択制を廃止した他の自治体や，そもそも導入しない自治体も，このような事態を危惧しているのではないかと考えられる。

続いて，地域と病院の関係についても考えてみよう。どの病院で治療を受けるかを，地域住民は基本的に自由に選ぶことができる。とは言っても自分が住んでいる近くに診療所や病院があれば，そこに通う人が多いだろう。では，少し離れた場所に優秀な医者が集まる病院や最新の医療施設を備えた病院があればどうだろうか。患者にとって最も効果的で有益な治療が受けられるのであれば，近くの病院にこだわらない人も多いに違いない。実際，自治体が運営する病院が近隣にできた病院との競争によって経営破綻に追い込まれ，閉院したり，民間に委譲したりする例が出ている。もちろん，病院経営の問題だけでなく，国の医療政策や医師不足，その地域が抱える課題などさまざまな要因が絡んだ結果であるかもしれないが，自治体の病院であっても必ず安泰という時代ではないといえる。

（3）今後の地域と学校・病院の関係のあり方

以上のような動向を踏まえたうえで，地域にある学校や病院はどうあるべきかを考えてみよう。どの学校や病院であっても，地域とのつながりを抜きにして考えることはできない。地域から「選ばれる学校・病院」であるためには，地域住民にとって魅力的な学校や病院でなければ意味がない。そこで改めて「地域」とは何かを考える必要がある。自然環境や産業，伝統や文化・芸術など，その地域の特色を生かすことが魅力ある学校づくりにつながる。また，地域社会が学校や病院にどのようなことを求めているか，期待しているかを十分に把握し，その地域が抱える課題へ対応していくことも求められる。

学校や病院を選ぶ地域住民の側からも考える必要がある。患者の立場を例にすれば，「24時間いつでも医療を受けたい」，「最高水準の医療を受けたい」，「医療費を安くしてほしい」など，「お客様意識」が強まっていることが問題視されている。教育界でも，「モンスターペアレント」の問題は，学校現場や教師を悩ませている。私たち選ぶ側は，消費者としてサービスを受けることが当たり前という意識を改めて問い直す必要がある。学校や病院とともに，地域全体で地域の教育や医療を支えていくという主体的な意識をもたなければ，学校や病院との連携・協働ははかどらない。

では，地域との連携関係を構築するためには具体的にどのように進めていくべきか。地域との連携・協働は，「言うは易く行うは難し」という典型的なものであり，最初から理想的な形にすることは難しい。少しずつ段階を踏んで進めていくことが必要である。ただ，すでに多くの地域でコミュニティ・スクールや「学校支援地域本部」のような取り組みが進められており，参考にすることはできる。

関係構築の最初の段階とは何だろうか。まずは両者の情報共有や意見交換の場や機会を設けることではないだろうか。教師の働きぶりや日常の子どもの様子を実際に見ることや，管理職や教師がもつ教育や子どもへの思いや願いを理解することがすべての基本となる。そして，単に地域に支援してもらう側というだけではなく，学校や病院側からも，積極的に地域社会に対して働きかけを行い，地域の課題や地域の未来について地域住民との議論を重ねていくことが必要である。医師不足が深刻な地域では，地域の医師会が中心となり，病院勤務医の負担を軽減したり，積極的に住民との対話を行う取り組みがみられる。

次の段階は，地域コーディネーターのような学校と地域をつなぐ人材の活用だろう。地域コーディネーターは，両者の意見を整理し，考えの食い違いを防ぐための重要な存在となる。このような段階を踏まえ，学校・病院と地域社会双方にとって有意義な取り組みにつなげていくことが魅力的な学校や病院づくりにつながっていくはずである。

学習課題

① あなたが住んでいる地域（もしくは住んでいた地域）の課題について調べてみよう。具体的には，地理的特徴，産業，歴史や文化，人口・年齢構成などさまざまな項目をノートに一覧にした上で，その地域特有の課題を考えてみよう。
② 地域の身近な学校または病院を一つ選び，具体的にどのような連携・協働活動に取り組んでいるかを調べてみよう。特に，学校・病院と地域社会をつなぐ人材や組織に注目し，連携関係の構築にどのような役割や責任を果たしているか整理してみよう。また，可能であれば，学校や病院の関係者から話を聞いてまとめてみよう。

参考文献

伊関友伸（2007）『まちの病院がなくなる!?――地域医療の崩壊と再生』時事通信出版局。
佐藤一子（2002）『子どもが育つ地域社会――学校五日制と大人・子どもの共同』東京大学出版会。
佐藤晴雄（2016）『コミュニティ・スクール「地域とともにある学校づくり」の実現のために』エイデル研究所。
髙橋興（2011）『学校支援地域本部をつくる――学校と地域による新たな協働関係』ぎょうせい。
嶺井正也（2010）『転換点にきた学校選択制』八月書館。

（藤本　駿）

コラム　私の原理・原則　9

本物がもつ魅力

教員生活20年目を迎える私には，いつも大切にしていることがあります。それは，「本物がもつ魅力」に触れるということです。私は，中学校の理科の教員です。小学生の頃から理科が好きで，理科の面白さにもっと触れてみたい，この魅力を多くの人にも伝えたいという思いが強くなり，理科の教員を目指すようになりました。

教員13年目のことでした。校長先生から，「博物館の長期研修があるが行ってみないか」というお話をいただきました。学校現場を離れて長期研修に出ることに戸惑いはありましたが，新たな発見，経験ができるのではないかと考え，思い切って長期研修に出ることにしました。そこで出会ったのが，「本物がもつ魅力」です。

私が長期研修として派遣されたのは県立博物館でした。そこには，化石，隕石，動食物の標本，考古遺跡，歴史資料，ロボットなど30万点を超す貴重な学術資料が収蔵されていました。収集・保管，公開・教育，調査・研究等を専門的に行っている学芸員もいらっしゃいました。その博物館では，博物館と学校，地域とをつなぐ事業（以下「連携事業」）が行われていました。私は，長期研修生として，その連携事業に携わらせていただきました。私の主な業務は，博物館の実物資料を持ち出して，学校や地域に出向いて「出前授業」を行うこと，博物館に展示してある資料を活用して館内授業を行うこと，社会見学等で来館された方へ対応することなどでした。いずれも私にとって貴重な体験でしたが，特に私が強く印象に残っているのが，実物資料を活用した出前授業，博物館の展示資料を使っての館内授業です。いずれも「本物がもつ魅力」を活用した授業です。

本物の化石を使った「出前授業」では，子どもたちに化石の歴史やでき方について説明した後で，その本物の化石を触らせます。すると子どもたちの表情が一変します。化石がもつ，ひんやりとした，静かで重い，太古の生物がまとう独特の空気。それを全身で感じたのでしょうか，鳥肌を立てて喜ぶ子どもがいるのです。他にも，隕石を触らせたり，天体望遠鏡を使って月のクレーターを見せたりすると，子どもたちの目の輝きが変わります。「本物」がもつ魅力やオーラを実感できたとき，子どもたちは大きな「感動」や「ロマン」を覚えるようです。

学芸員さんにも，時々出前授業にきてもらいました。授業の一部を学芸員さんに担っていただき，子どもたちに研究の面白さや楽しさを直接語っていただくと，どの子も目をキラキラさせながら，説明を聞いていました。子どもたちは，専門家がもっている「本物の魅力」を感じていたようです。プロ野球選手から直接野球を教えてもらったときの感動のようなものでしょうか。

私たちが本物の化石や隕石などを活用した出前授業や館内授業を行った後は，数え切れないほどの驚きと感動の声を聞くことができました。「理科って楽しい」，「面白い」，「感動した」。いただいた手紙や感想はこのような言葉であふれていました。「本物がもつ魅力」に触れた子どもたちは，その感動を余すところなく私たちに伝えてくれるのです。

その後私は長期研修を終え，中学校に戻ってきましたが，あの時の子どもたちの目の輝きは今でも私の目に焼き付いています。博物館での長期研修前も，「本物がもつ魅力」を意識していたつもりでしたが，研修を終えてからの私は，それまで以上にもっともっと子どもたちを「本物」に触れさせたいと思うようになりました。学校では，日々のさまざまな業務に追われ，なかなか思うように授業ができないこともあります。しかし，私が理科の教員である限り，「一人でも多くの子どもたちに『本物がもつ魅力』を伝えたい」，「そこでしか得られない『感動』や『ロマン』を味わわせたい」。この気持ちを大切に，これからも教壇に立ち続けるつもりです。

（室内 文彦）

第
10
章

教師の職務と専門性

教育という営みは，人類社会の誕生とともに始まり，連綿と続けられてきた。いつの時代，いずれの社会においても，理想とされる人間像は存在し，その理想とする人間を育てるための教育が行われてきた。また，卓越した技術や生きるための知恵を後世に守り伝えるためにも教育は行われてきた。社会が存続・発展していくための必要不可欠な教育に従事する中心的存在は，現代社会においてはやはり「学校の先生」すなわち学校教師ということになろう。しかし，私たちがこれまで出会ってきた学校教師という存在は，近代社会以降，つまり明治維新以後に誕生した新しい職業である。

「聖職者」「労働者」「専門職」—。あなたは，学校教師をどういう存在として捉えているだろうか。実は，この問いに正解も不正解もない。あなたが教職のどの側面を強く意識するかによって，学校教師が意味するところは変わってくるからである。時に「聖職者」として，または「労働者」として，あるいは「専門職」として語られる教師という職業には，なぜそのようなイメージが与えられることになったのだろうか。その理由を探ってみよう。

1 「教師」という職業

(1) 教育のかたちと教師たち

「教育」という言葉には，大きく分けて2つの意味がある。「教育」という訳語が与えられた英単語「education」は，「引き出す」という意味のラテン語「educere」が語源である。つまり，何らかの働きかけを加えることによって，内面にあるものを引き出すという意味である。一方，「教育」という言葉をその漢字の成り立ちからみると，「孝」と「攵」で構成される「教」には「鞭を持って学ばせる」という意味が，「𠫓」と「月」で構成される「育」には「生まれてきた子どもを養う」という意味が込められている。すなわち，「教育」は，子どもを養いかつ既存の知識や技術を与えるという行為なのである。

ところで，「引き出す」と「与える」では，意味がまったく逆であるかのように思われるかもしれないが，いずれも「教育」という作用を的確に説明している。古代ギリシャの哲学者ソクラテス（Sôkratês：B.C. 469–B.C. 399）は，知者と想定される相手に，「正義とは何か」「勇気とは何か」「節制とは何か」などと問いかけ続けた。ソクラテスのねらいは，問答によって相手を屈服させることにあったのではなく，相手に「無知」を自覚させ探究心を引き出すことにあった。「産婆術」ともいわれる。学習者に働きかけて内面にあるエネルギーを引き出し，能動的な学習を実現していくことが，一つの教育のありかた，教師の実践といえる。

他方，伝統芸能や職人の世界においては，達人や職人がもつ技術を弟子に仕込んでいくことが求められてきた。達人，職人達は，卓越した技術を有する存在であると同時に，弟子に伝授する師匠でもあった。なかでも，日本の伝統芸能の達人や職人たちは，「花道」「茶道」「武道」という言葉にあるように，技術を修得することは「道」を究めることを意味し，「道」を究めた達人や職人達は，「徳」をおさめた存在と見なされていた。そして，弟子たちが彼らの身近にあって知識や技術を習得することは，彼らと同じ精神的境地へと至ることを意味していた。換言すれば，達人・職人は弟子たちに知識・技術を授けることを通して，精神をも感化していたのである。

こうした師匠と弟子の関係は，学問の世界においても同様であり，学識のある学者は，学問の「道」を究め「徳」をおさめた敬うべき存在とみなされた。江戸時代後期，現在の大分県日田市に咸宜園を創設した儒学者の広瀬淡窓，現在の大阪市に適塾を開設した医師で蘭学者の緒方洪庵など，当代随一の学者たちは，私塾を創設し多くの弟子を教育した。弟子達は，学者のもつ学識と「徳」を慕って集まった者たちであった。

ここで「陶冶」という言葉についても触れておきたい。「陶冶」は聞き慣れない言葉かもしれないが，ドイツ語の「Bildung」の訳語で，精神・内面の形成を意味する。「陶冶」が陶器の「陶」と，金属や鉱石を溶かして形にするという意味の「冶」で構成されているように，あたかも「ろくろ」の上で回転する粘土を，職人が遠心力を利用しながら調和のとれた器へと練り上げるがごとく，人間の精神が形成されていくさまをイメージできる。ヨハン・ハインリヒ・ペスタロッチ（Johann Heinrich Pestalozzi：1746-1827）は，人間のもつ内的諸能力を「心（Heart）」・「頭（Head）」・「手（Hand）」で捉え，その調和的発達を「基礎陶冶」と表現した。そして，これらの能力が伸びようとする自然の流れに即し，形成を助ける方法（メトーデ）を模索しつづけた。これも一つの「教育」の原理であり，「合自然の教育」と呼ばれる。

ちなみに，近代看護の基礎を築いたフローレンス・ナイチンゲール（Florence Nightingale：1820-1910）は，人間のもつ自然の力，生命力に着目し，その力が最大になるように物理的環境，心理社会的環境を整えることが，看護の役割であると説いた。対象となる者に本来備わっている治癒しようとする力が，望ましい方向へと形成されていくことを願い，その「援助者たれ」とするナイチンゲールの看護観は，ペスタロッチの「合自然の教育」と似ている。

（2）教師像の変遷

日本にかつて存在した私塾や，庶民の基礎教育の場として江戸時代後期に急速に発展した寺子屋は，いずれも師匠のもとに弟子入りする形で教育がスタートした。私塾や寺子屋における教育は，一般的には儒教的価値観に基づいて書かれた書籍の素読と，素読を通じた文字の読み書きの習得が中心であり，同時に儒教的道徳，価値観をも浸み込ませることになった。また，今でも毎年節目に，お世話になった人へお中元やお歳暮を届けるが，これは目上の者を敬うという儒教的価値観から生まれた慣習であり，かつての私塾や寺子屋での師弟関係の基盤ともなっていた。このように，近代以前の「伝統的な教師」は，知識・教養とともに「徳」を積んだ敬われるべき存在であり，知識や技術の伝授を通じて学習者を感化していく，「師匠」のような存在であった。ただ，私塾の師匠は確かに高い学識をもった学者であり，同時に優れた教師・教育実践家ではあったが，社会が意図的に育てた職業としての教師ではなかった。

明治維新以後は，これとは異なる新たな教師像が生み出された。1872（明治 5）年に発布された「学制」の序文には，身分や男女の区別なく，すべての者が一身独立を遂げるために実用的な学問を身に付けることが標榜された。積極的に西欧の知識・技術を学び，その知識才芸をもって国の発展に寄与する「近代人」が，理想の日本人とされたのである。そして，西欧の知識・技術，新しい価値観を示し，封建社会から人びとを解き放つ「啓蒙的な教師」こそが，理想の教師とみなされた。慶應義塾を創設した福沢諭吉，同志社を創設した新島襄，女子英学塾（現在の津田塾）を創設した津田梅子などは，こうした気風の中で登場したまさに「啓蒙的な教師」の代表である。かくして，「近代人」を育てるための公教育制度が整備され，学校教師の養成も開始した。

▶スコット

学校教師を養成するために，1872（明治 5）年に東京に初めて設置された師範学校では，アメリカで教員養成に携わった実績のあるマリオン・スコット（Marion McCarrell Scott：1843-1922）がお雇い外国人として招かれた。私たちになじみ深い黒板や掛図などの教具，一斉授業といった授業スタイルを導入したのも，このスコットである。その後，小学校教師を養成するために各府県に尋常師範学校が設置されていくことになったのだが，師範教育を通じてこれらの教具や教授法を広める役割を果たしたのが，スコットの教えを受けた者たちであった。

しかし，急速な近代化は西欧の知識・技術に対する表面的な理解を招き，一身独立の理念は利己主義を生み出し，伝統的に保持してきた儒教的道徳を損ねたという批判が高まっていった。その結果，次第に国家の独立と発展のために滅私奉公する「臣民」こそが理想の日本人であり，「臣民」の育成を通して国に貢献するのが学校教師の使命とみなされるようになった。初代文部大臣森有礼は，1886（明治19）年に小学校令，中学校令，帝国大学令とともに「師範学校令」を公布し，師範教育の目的を「順良」・「信愛」・「威重」の三気質を備え

▶森有礼

た教師の育成にあるとした（師範学校令第１条）。師範学校は学費が無償であったため，貧しさから進学を断念せざるを得なかった成績優秀者に立身出世の可能性を与えた。しかし，師範学校卒業後は数年間の奉職義務が科せられ，国の意向に沿うことを要求された。師範学校による教員養成は，国が入学定員を決定し，確実に学校現場に教師を配置するための，まさに「計画養成」だったのである。

森の死後，1889（明治22）年に大日本帝国憲法が発布され，翌1890（明治23）年には「教育ニ関スル勅語」が渙発され，教育理念は「天皇のお言葉」として表現された。学校教師は国家すなわち天皇への忠義を体現し，「臣民」の手本となる役割を担うことになったのである。こうした「国家主義的な教師」は，その後第二次世界大戦終結まで，学校教師の，とりわけ師範学校出身の教師の典型となった。

（３）教育の理想を追求した教師たち

森有礼は，小学校令，中学校令公布以後，教育課程に「兵式体操」を導入した。兵式体操とは，もとは陸軍歩兵科において実施されていた教練であるが，それを学校現場に導入した理由は，体躯を鍛え，かつ隊列運動などの集団訓練を通して，国民の尊皇愛国の士気を高めること，国防上の知識を実地で育成することにあった。そのため，師範学校でも同様に兵式体操が導入されたが，その指導者には主に陸軍将校下士官などが充てられ，寄宿舎制度も軍隊化した。これらは，軍人養成を目的にしていたのではなく，「順良」・「信愛」・「威重」という師範の三気質を涵養するために，道具的・手段的に採用されたものだった。

しかし，柔道の創始者として知られる嘉納治五郎は，こうした師範教育の形式主義的側面を批判した。嘉納が考えた教育の理想は，児童・生徒の「知・徳・体」を全体的に発達させ，「有能な人間」に育てることにあった。「有能な人間」とは，開発された自らの能力をもって自他に利益をもたらす存在であり，すなわち「社会生活を最も有効円満に遂行できる個人」である。教育は，そうした「有能な人間」を育てることを通じて，国家社会の発展に寄与する営みであるから，学校教師はそこに悦びや生きがいを感じるメンタリティが必要であるし，その使命を十分に自覚しなければならない。そこで嘉納は，高等師範学校（現在の筑波大学）の校長に就任した後，寄宿舎制度の改革と同時に，教師としての重責に堪えうるだけの風格・態度を育成する目的で，体育運動を推進した。

姫路師範学校（現在の神戸大学）の校長であった野口援太郎も，同様に師範学校における軍隊的で画一主義的な教育を批判し，自由な学風のなかで生徒の自治能力を養うために，労作教育を実践した。労作教育とは，日常生活に即した具体的な作業や労働を通じて，学習者の能動的な活動を引き出し，技術力や思考力を育成しようとする教育方法である。野口は，1924（大正13）年に池袋児童の村小学校を創設し，自由な校風のなかで児童の自治能力を育成する教育を実現した。先述の津田梅子も，女子高等教育の立場から英語教師の育成に尽力した。津田の教育理念は，当時の日本女性に欠けていた自主独立の精神を培い，「完き婦人（all-round woman）」を育てることにあった。そのため，生徒を塾に住み込ませ，起床と就寝時間以外の掃除，食事など生活全般の営みを，完全に生徒の自主性に委ねた。こうした環境の中で自主独立の精神を培った女性達が，やがて学校現場で英語教師として活躍するに至ったのである。

このように，師範学校の教育を批判的に捉えた者たちは，児童・生徒の自治能力を育成することを教育理念として掲げ，そうした教育に携わる学校教師の養成にも，同様の理念を掲げた。その後，第二次世界大戦が勃発し，小学校が国民学校となり，極端な軍国主義教育が行われるとともに自由な校風，自由な教育は否定された。しかし，戦後は教育基本法の制定により新たな教育理念が掲げられ，教育の目的は「人格の完成」にあるとされた（教育基本法第 1 条）。「人格の完成」とは，軍国主義，国家主義から決別し，個人の価値と尊厳を前提に，その能力を可能な限り，調和的に発達させることを意味している。そして，戦後の公教育を担う学校教師は，児童・生徒が固有の発達を遂げるとともに，民主主義社会の構成員としての資質を培うよう，支援者として関わることが求められた。軍国主義・国家主義への猛省から戦後の教育をスタートさせた学校教師たちは，民主主義の体現者となり，児童・生徒の個に応じた教育を実現するための，「教育の自由」を希求した。かつての師範学校に見られた国家主義的教員養成は否定され，替わって大学で教員を養成するようになった。新たな時代の学校教師には，学問の府としての大学において豊かな教養を身に付け，学問探究を通じて批判的精神を養うことが期待されたのである。

2　日本の学校文化と「教員」

（1）「スペシャリスト」と「ジェネラリスト」

あなたは，「教師」と「教員」の違いを考えたことはあるだろうか。「教師」は，これまでみてきたように「学校の先生」だけではなく，寺子屋や私塾の師匠，ものづくりや伝統芸能などの卓越した技術をもつ者から，料理教室や英会話教室の先生に至るまで，「教え導く」者，さまざまな文化を伝達し学習者の成長・発達を促す存在を捉えた概念である。また，社会的に認知されていなくても，自分に大きな影響を与える人物に対し，敬意を込めて「教師」と呼ぶこともある。つまり，「教師」という言葉は単に職業を指すだけでなく，価値を含んでいるのである。一方の「教員」は，近代社会以降，公教育の場としての学校で，教育の仕事に従事する職業人を表現する法律用語として誕生した。現在は，学校教育法に規定される学校で，幼児・児童・生徒・学生の教育に従事する者を「教員」と表現し，そのなかでもとりわけ初等・中等教育段階の教員を指して用いられることが多い。そして，「教員」という一つの職業集団が誕生して以降，学校を中心にして「教員文化」も形成されてきた。

では，日本特有の学校文化・教員文化とは，どのようなものだろうか。「学校は勉強だけではなく，人間性を育てるところ」といった言葉を耳にすることがある。「人間性」は，語る者によってさまざまな定義がなされる。しかし，1873（明治６）年に文部省が布告した『小学校教師心得』第１条にも，「凡教師タル者ハ学文算筆ヲ教フルノミニアラズ父兄ノ教訓ヲ助ケテ飲食起居ニ至ル迄心ヲ用イテ教導スベシ」とあるように，少なくとも日本の学校は，その誕生時から学習面，生活面，健康面において子どもの成長発達に欠かせないあらゆる教育機能を一手に担い，教員がその任にあたってきた。

具体的には，児童・生徒に日々の授業をするだけでなく，基本的生活習慣を確立させること，部活動をはじめ放課後や休日のさまざまな活動で指導すること，家庭や人間関係の問題解決にあたること，学校外で問題行動を起こした児童・生徒を補導すること。これらすべてが教員の仕事になったのである。その目指す先が，戦前・戦時中は「臣民」の育成であり「皇国民の錬成」であったわけだが，戦後，「人格の完成」が教育の目的となって以後も，児童・生徒にあらゆる側面から教育・指導を行う教員の姿に変化はなかった。こうした教員の職務のありようについて，「無境界性」という指摘がなされてきたが，日本の教員は，学習指導に特化した「スペシャリスト」ではなく，児童・生徒に対し，時にカウンセラーとして，また別のときにはインストラクターやソーシャルワーカーとして，オールラウンドに対応できる「ジェネラリスト」を志向してきた。

日本の教員文化のもう一つの特徴が，「授業づくり」「学級づくり」などの言葉に代表されるように，教育を創造的な実践と捉えてきた点である。教育は，おしなべて「不確実性」を払拭できない。どれほど授業の計画を綿密に立てても，すべての児童・生徒に同じ学力が身に付く保障はないし，今現在学んでいる内容が将来必ず役に立つとも限らない。教育学や心理学などの理論や研究成果が，教育実践の質を高める保障もない。逆に，教員の技術が未熟でも，児童・生徒の学力が伸びる可能性はあるし，意外なことが結果として大いに役立つこともある。

日本の教員は，こうした不確実性に富んだ教育という営みを，むしろ創造的な実践の場と捉え，「授業づくり」や「学級づくり」に力を注いできた。教育は不確実だからこそアイデアや工夫は無限に生まれる，だからこそやりがいを感じ，児童・生徒の「食いつきが良い」と，達成感を得るのである。逆に，児童・生徒の反応が芳しくない，「失敗した」といった場合，何が問題でどうすれば「成功する」のかを省察し，改善策を立てて再度アプローチをする。教員は，こうしたプロセスを繰り返すことで「経験知」を獲得し，その「経験知」をよりどころにしてまた日々の実践を行うのである。

（2）教員の仕事は「コンビニ」

日本の教員は多忙を極めているといわれる。給与や身分が保障されていたとしても，それをはるかに上回る物理的・精神的な負担が大きいという思いは，多くの教員の間で共有されている。2016（平成28）年に文部科学省が実施した「教員勤務実態調査」によると，小学校教員，中学校教員の平日の勤務時間はそれぞれ11時間15分，11時間32分であった。また，平日の学校での業務内容内訳は，授業，成績処理，生徒指導，職員会議，学年・学級経営，校務分掌などが主なものであったが，そのなかで授業に割り当てられていた時間は，小学校教員４時間05分（約40％），中学校教員３時間05分（約30％）にすぎなかった。この結果は，諸外国と比較して特徴的であり，日本の学校文化を如実に物語っている。

OECD によって実施された2014（平成26）年度の調査によると，日本の初等教員（小学校），前期中等教員（中学校），後期中等教員（高等学校）の年間総法定勤務時間は，いずれも1,891時間であるのに対し，授業時間数はそれぞれ742時間（約39％），611時間（約32％），513時間（約27％）であった。それに対し，OECD 全体（平均）では，年間総法定勤務時間数が初等教員1,585時間，前期中等教員1,609時間，後期中等教員1,588時間に対し，授業時間数は初等教員776時間（約49％），前期中等教員694時間（約43％），後期中等教員644時間（約41％）であった（OECD 2016：509）。勤務時間を絶対値でみると日本の教員は OECD 平均を上回っているが，勤務時間のなかで授業に割り当てる時間割合は平均を下回っている。日本の教員は，諸外国に比べて授業以外の職務のウェイトが大きいのである。

労働基準法に基づき，８時間労働が原則であることは，教員にも例外なく当てはまる。しかし，教員の職務の性質上，定時に仕事を開始し終了することよりも，児童・生徒への何らかの教育・指導を完結させることが優先される。具体的には，授業でわからなかったところについて質問に訪れた児童・生徒に，理解できるまで個別指導をしたり，学校行事の準備が滞っていれば当日に間に合うように手助けしたり，児童・生徒に事故や怪我などが生じた場合には病院に付き添ったり，保護者からの問い合わせに対応するなどである。このように，学校現場で日常的に起こりうる事態を考えれば，超過勤務をする教員の姿が容易に想像できる。また，先述のとおり，日本の教員は児童・生徒の教育にオールラウンドに対応してきた。児童・生徒にとって望ましいことや必要と見なされることを，すべて教員が担ってきた結果，授業以外の職務が多岐にわたって増えてきたのである。中学校における部活動の指導はその最たるものであり，平日の部活動指導に加え，休日には校外試合の引率など，教員の過重労働の大きな要因となっている。

近年，国は学校運営改革の柱として「チーム学校」を打ち出している。医療において「チーム医療」といわれるように，一口に「医師」といっても内科医から外科医，麻酔医などさまざまな専門の医師がいるし，また医療行為をトータルでみた場合，救急救命士，放射線技師，管理栄養士，薬剤師，看護師，理学療法士，ケア・マネージャーなどそれぞれの専門家が固有の役割を果たしつつ，チームプレーで患者に対応している。これと同様に，「チーム学校」では，教員がオールラウンドに果たしてきた役割機能を細分化し，インストラクターやカウンセラー，ソーシャルワーカーなどの各専門家に担わせるとともに，校内で連携を図ることで，児童・生徒の教育を行う構想である。たとえば，部活動で特定の競技スポーツを専門とする人材を招くことで，児童・生徒にとって理に適ったトレーニングや技術指導が可能になるだけでなく，教員の負担軽減にもつながる。このように，「チーム学校」のもと，児童・生徒にそれぞれのスペシャリストが多面的にアプローチをかけることで，より質の高い教育が提供されることが期待されている。

3　優れた教師であるために

（1）教職とは

学校教師という存在，すなわち教職をどう捉えるか，という問いに話を戻そう。もし，あなたが「聖職者」を強く意識したとすれば，それは「伝統的な教師」像の影響を強く受けているからであろう。もともと，基礎教育に携わってきた者たちの多くが，かつては寺院の僧侶（聖職者）であったという点も関係しているかもしれない。

このような「聖職者的教職観」は，明治維新以後も廃れたわけでない。むしろ，「臣民」の教育に従事する教員は，教育勅語に示された教育理念の体現者，神聖なる天皇＝国家に奉仕する「聖職者」であることを要求された。他方で，大正期に児童中心主義を掲げた新教育運動が盛んになったが，新教育運動を担った教育実践家達は，国家に奉仕する教員ではなく，「児童・生徒に献身する教師」を理想とした。給与，待遇，社会的地位などの世俗的な見返りを求めず，児童・生徒への献身を体現しようとする教員の姿も，教職を「聖職者」として印象づける役割を果たしてきたといえる。現代においても，私たちは教員に対し，子どもたちの手本となることを求める傾向があり，そうした理想像から逸脱する行為や言動をみると，強く反発し，失望する。このようなメンタリティは，子どもに良い影響を及ぼしうる「高い徳」への期待の裏返しである。

「労働者」を強く意識したとすれば，それは近代社会において生まれた教師像の影響を強く受けているからだろう。福沢諭吉は，お中元やお歳暮の慣習に象徴されるような伝統的な教師像を否定し，教員は社会で必要とされる教育の仕事に従事し，その対価として報酬を受け取る権利を有する存在であるとした。しかし，すべての国民を対象とする公教育においては，相当な数の教員を必要とするため，給与や待遇面について，国や府県の財政力で保障するには限界があった。また，先述のとおり「聖職者的教職観」は根強く残っており，労働条件，給与，待遇など他の職業と同様の権利を主張することが妨げられてきた。その結果，教員は「貧しい知識人」の境遇に甘んじてきたのである。こうしたなかで，教員は自らを一労働者として位置づけ，待遇改善を求める労働運動を展開してきたが，このような「労働者的教職観」は，押しつけられてきた聖職者意識への対抗原理として登場した。

他方で，公教育制度が整い，職務の範囲や基準もある程度は国によって定められ，「公務」としてそれに従事し収入を得る職業として確立したことで，むしろ教員に対する社会からの尊敬のまなざしは弱まっていった。「サラリーマン教師」といった言葉に象徴されるように，「労働者的教職観」は，「与えられた仕事を黙々とこなすだけの，誰にでも務まる職業」といったような，否定的な意味でも語られるようになった。

一方，「専門職」を強く意識したとすれば，それは教員が教員免許状という公的資格を取得し，教壇に立っているという側面に着目したからかもしれない。子どもの知的能力・道徳的能力・身体的能力を全面的に発達させ，自立した人格へと教育することができるのは，教育学をはじめ，教えるためのさまざまな学問を専門的に学んだ者でなければ不可能である，という考え方である。これは，1966（昭和41）年にILO（国際労働機関）とユネスコが共同採択した「教員の地位に関する勧告」においても前提となった考え方である。同勧告では，教員は公教育という社会の発展に必要不可欠な営みに従事する専門職であり，相応の地位や待遇，社会的尊敬を得るべき存在であると明言されている。これまで「貧しい知識人」に甘んじてきた教員，過小評価されてきた教員が，国際的合意として専門職であると定義されたことにより，正当に遇されるようになることが期待された。

（2）教員の専門性とは

しかし，教員が専門職であるという定義には，これまで多くの疑問や反論が提示されてきた。教員免許状を持っていることが専門職であることの証なのか，そもそも「専門職（profession）」とは何か。どのような条件が満たされていれば「専門職」とみなしうるのかについては，マイロン・リーバーマン（Myron Lieberman：1919-）の示した専門職の指標が有名である。具体的には，① 個人的な利益ではなく大衆の福祉に貢献する公共性と社会的責任で特徴づけられる職業であること，② 大衆の保有していない高度の専門的な知識や技術によって遂行される職業であること，③ その高度の専門的な知識や技術の教育を大学院段階の養成システムで保障していること，④ 採用や罷免や職務の遂行に関わる専門家としての自律性を制度的に保障していること，⑤ 専門家としての自律性を行政権力から擁護し，自ら専門家としての知見や見識，あるいは倫理を高め合う専門家協会を組織していること，⑥ 専門家としての社会的責任を自己管理する倫理綱領を持っていること，である。

ここに示した指標項目によれば，ある職業を「専門職」とみなしうるか否かは，その職に従事する者の自律性がどの程度実現しているか，という点がポイントとなっている。たとえば，医師は医療行為を行うに際し最適な判断を下し，クライアントに対し直接責任を負う。また，たとえ勤務医であっても，病院以外の場面で急患に遭遇した場合，医療行為が認められている。そして医師は，人間を健康に保ち，かつ生命を可能な限り存続させることを目指す「医学」を修めた者として，その目的に殉ずることを要求される。「医学」の使命から逸脱することのないよう，医師は医師会のような専門家協会のなかで高められ共有されてきた規律によって，厳しく統制される。つまり，医師は，職業集団自体も自律的なのである。

それに対し，教員は「授業づくり」「学級づくり」といった創造的な実践が可能とはいえ，学習指導要領や検定教科書の制約を受ける。また，学校の所属を離れて教員としての仕事を遂行することはできない。このように，教員は「公共性」や「社会的責任」といった面をみれば「専門職」としての要素をもつ職業であるといえるが，医師などに比べ自律性という点において大きく後れを取っている。そのため，教員は「準専門職」とみなされてきたのである。

一方，教員が「専門職」であるためには，教員固有の「専門性」が要求される。では，教員の専門性とは何か。「教員生活○年で培った経験と勘」といった表現にみられるように，問題状況との対話と省察をくり返して得た「経験知」こそが，教員の専門性といえる。これは，教育学や心理学の研究成果が，教育実践に役に立たないことを意味しているのではない。ただ，教育という営みは不確実性に富んでいる。だからこそ，理論や研究成果に依存するのではなく，あくまでこれらを念頭に置きながら，問題状況との対話から思考判断し実践する，また実践しながら思考し判断する必要がある。こうした「行為の中の省察（reflection in action）」を繰り返すことで，教員は「経験知」を獲得し，その「経験知」をよりどころにしてさらなる問題状況へと向き合う。このような実践のあり方は，なにも教員に限ったことではない。医師も，看護師も，カウンセラーも，弁護士も，建築家もスポーツ選手も，みな実践から「経験知」を積み重ねている。このように，実践を通して専門性を高める専門家の姿を，ドナルド・ショーン（Donald A. Schön：1930-1997）は「反省的実践家（reflective practitioner）」という概念で捉えた。

「教員の地位に関する勧告」は教員を「専門職」と定義したが，同時に「専門職」であり続けるために，「不断の研究」によって専門的な知識・技術を維持向上し続けることも要求している。国の諮問機関である中央教育審議会も「教職生活の全体を通じた教員の資質能力の総合的な向上方策について（答申）」（平成24年８月28日）において，教職に対する責任感，探究力，教職全体を通じて自主的に学び続ける力，専門職としての高度な知識・技能，総合的な人間力を備えた「学び続ける教員」の育成を課題にしている。教員免許状を取得していること，大学の教員養成課程で専門的に学ぶことだけが，教員をして「専門職」たらしめているわけではない。現職教員になってからも自らを磨き続けることこそが，「専門職」として必要不可欠な姿勢といえる。

学習課題

① あなたが今まで出会ってきた教師（実在の人物だけでなく歴史上の人物や小説，映画，マンガの登場人物も含む）のなかで，理想とする教師を取り上げてみよう。その教師は，どのような点が優れていてなぜ「自分もこうありたい」と思わせるのか，言葉で表現してみよう。

② あなたがはじめて教壇に立つときをイメージしてみよう。児童・生徒にどのように語りかけ，授業を始めるだろうか。１時間の授業の間，児童・生徒の興味関心を高め，意欲を維持して主体的な学習を実現するための語り，問いかけを考えてみよう。

参考文献

足立忠夫（1994）『患者対医師関係論――患者の「医学概論」』東洋書店。

佐藤学（1996）『教育方法学』岩波書店。

佐伯胖・黒崎勲・佐藤学・田中孝彦・浜田寿美男・藤田英典編（1998）『岩波講座　現代の教育第6巻　教師像の再構築』岩波書店。

ドナルド・A・ショーン，柳沢昌一・三輪建二監訳（2007）『省察的実践とは何か

――プロフェッショナルの行為と思考』鳳書房。
臼井博（2009）「日本の教師文化の特徴」油布佐和子編『リーディングス日本の教育と社会15　教師という仕事』日本図書センター。
沖田行司編（2012）『人物で見る日本の教育』ミネルヴァ書房。
志自岐康子・松尾ミヨ子・習田明裕編（2014）『ナーシング・グラフィカ基礎看護学①　看護学概論　第5版』メディカ出版。
OECD（2016）『図表でみる教育　OECD インディケーター（2016年版）』明石書店。

（三山　緑）

コラム　私の原理・原則　10

仕事と家庭の両立は喜びが２倍

少し前のことですが，同僚の女性教員から「結婚したい人がいるんですけど，仕事と家庭の両立ができるかどうか，不安に思っています」と相談を受けました。毎日，仕事で遅く帰宅する生活を送っているので，仕事と家庭の両立ができるだろうか心配しているようです。教師になって２～３年の先生は，仕事に慣れてやりがいを感じる頃です。仕事がおもしろくて結婚なんて考えられないと思っている人，でも母（父）にはなりたいと思っている人，仕事もプライベートも充実した生活を送りたいと思っている人。それぞれがどんな人生の選択をするのかは自由ですが，どのような選択をした人も認められ，自信をもって活躍できる，そんな世の中になってほしい。そう思っています。

先日，私の上の娘が18歳になりました。仕事をしながら育児をし，家事をこなしてきた18年間を振りかえってみて，とても多くの人に支えられてきたことに改めて気づきました。私は26歳で結婚し，28歳で１人目の子ども，31歳で２人目の子どもを出産しました。子どもができても大好きな仕事を続けていきたいと思っていましたので，育児休業を取得し，その後，職場に復帰しました。仕事と家庭の両立はできる。そう思っていました。同じ職場に，教師，妻，母など多くの役割をこなしながら生き生きと仕事をしている先輩が多くいたからです。

しかし，実際には大変なこともたくさんありました。教師，妻，母などいろいろな顔（役割）をもつということは，それぞれの役割にかける時間，そして労力を調整しながら生活していくことを意味します。どの役割も充実していればいいのですが，現実にはそれぞれの役割に使える時間は限られており，うまくやらないと体力や気力にも影響します。私は時間の使い方を工夫していくために３つのことを決めました。

１つめは，必ず家に帰る時間の設定です。子どもが小さいうちは保育園に迎えに行く時間があります。小学生になっても夕食の準備等で遅くなるわけにはいきません。学校を出ると決めたその時間を必ず守りました。２つめは，締め切りのある提出物はその期限より最低３日は早く提出するということです。子どもが小さいうちは急な病気で仕事を休むこともあります。周りに迷惑をかけないよう責任をもって仕事をしたいとの思いから決めたことです。３つめは，「自分時間」の確保です。やり残した仕事をする時間，教材研究をする時間，趣味や読書をする時間など，やりたいことをするための自分時間がないとストレスがたまってしまいます。子どもが小さいうちは朝４時に起きました。起きてからの２時間が自分の時間でした。「自分時間」をもつことはとても大切なことだと今も実感しています。

仕事と家庭の両立は，できます。一番忙しかった頃は本当に大変で悩みもあり，教師を辞めたいと思ったことも何度かありましたが，今になって仕事を続けていて本当によかった。そう思っています。たくさんの喜びがあるからです。家庭での喜び，仕事での喜び，かけがえのない毎日からたくさんの感動をもらえます。特に私たち教員の喜びは，何といっても子どもたちの成長を見ることができることです。そして，教えることで自分自身も成長できます。仕事と家庭のどちらも充実しバランスのとれた生活を送ることで，日々の喜びは２倍になります。どちらかを犠牲にするような働き方ではなく，どちらも大切にすることができる職場はすべての人を幸せにするはずです。

私に相談してきてくれた同僚は，その後2017年の夏にめでたく結婚しました。彼女のこと，応援しています。そして私たち夫婦も，仕事と家庭を両立している先輩として見本となれるよう，生き生きとした姿を見せたいと思います。

（茂田 幸恵）

エピローグ

クリティカルに考えよ

本書を読み，また本書が用いられた授業を受けてきたあなたは，自分自身に対して何を問いかけてきたであろうか。読んで納得する，授業を受けて腑に落ちる，ということも悪くはないのだが，不明な点が残った，気になる点が出てきたという方がよい。それこそが「成長の証し」だからである。ここで各章ごとに，筆者なりにクリティカルに（健全な意味で批判的に）考えたことを提示してみよう。

第１章（これは，このエピローグを書いている筆者自身が書いた章なので，自分で自分の書いたことをクリティカルに考えてみるということになる）「悪しき，いや善き伝統を見直し，健全な分業制を導入する必要がある」と書いてあったが，そうだとすれば，分業制によって，一人の教師が全体を把握して教育・指導しようとする善さが失われる可能性はないか。実は，病院・医院も，医薬分業，診察各科の専門分化が現象としておこり，全体的には「分業化」が進んできた。しかし，他方で，かかりつけのお医者さん，身近な診療所は残り，その存在意義は高まっている。患者側には，町のクリニックには，ちょっとした病気や怪我には幅広く対応してもらえる方がありがたい，専門的な診療が必要なら別の病院に照会してもらうのがよい，という意見はある。学校（特に公立の小中学校）とそこで教える教員も，町の「かかりつけ医」のように，何でも気軽にみてもらえる存在の方がよいなら，分業しない方がよいという考えもありうるだろう。

第２章　発達段階や発達課題は，時代や国によっても異なるであろうし，何につけても多様化，個別化が進行している現代においては，特定の発達段階や発達課題を定めるよりも，むしろ複数のものを考えておくべきではないか。学習指導要領も現在は国民に対してひとつのものが示されているだけだが，同様に，複数あってよいかもしれない。それから，特別な支援を必要とする子どものなかには，計算，記憶，芸術などの面で，きわめて高度な才能を発揮する者もいる。国がそれを国益と捉え，利用しようとしてはいないか。もしそうなら，国益にかなう才能だけが特別扱いされる危険性がある。そのことに注意を払いつつも，その才能を奪わないためには，インクルーシブ教育やユニバーサルな教育を進めるだけではなく，特別な才能を邪魔しない上手な区分への配慮もまた必要になるだろう。

第3章　表向きは子どもの主体性や個性の尊重を謳っているが，学校が社会の秩序維持のための服従を子どもにメッセージとして伝えているという。そうだとして，学校で子どもは，はたしてどれほど主役，主人公になれるのだろう。また，主役である子どもたちの声に耳を傾けて，よりよい学校教育のあり方を模索していくことが必要ではあるが，しかしそのこと自体は現在も，そしてこれまでも，ほとんどの学校で行われてきたことではないだろうか。すべては子どもたちのために，という考え方を病院に置き換えれば，すべては患者様のために，ということになるのだが，患者のニーズにどの程度まで応えるべきかはかなりの難問であろう（5章コラム参照）。加えて，学校の場合は，子ども（児童生徒）は教育の対象であり，学校の教育活動を通じて成長・発達を期待されている存在でもある。したがって，単に要望をきいて満足してもらえればよいということにはならない。

本書の外へ出よ

第4章　キリスト教は大きくカトリックとプロテスタントに分かれる。近代以後の人間中心主義により，世俗性（日常性）のなかで個人の価値を尊び，個人の内面を見つめるようになり，教育も人間中心の価値観に基づくものになった。しかし人間中心主義のなかに神性，特にプロテスタンティズムを見て取ることも可能だろう。また，キリスト教と仏教の比較において，特にプロテスタンティズムと浄土真宗，ルターと親鸞の類似が言われることがよくある。マックス・ウェーバー（Max Weber：1864-1920）による社会学の名著『プロテスタンティズムの倫理と資本主義の精神』は，世俗内禁欲によって資本の形成が促され，資本主義が発展したことを論じてもいる。世俗のなかに信仰の場所を見いだした，日常に潜む宗教性こそ，今日の省察ブームにもつながる反省や自己批判，絶対化に対する忌避と相対主義・複数主義，そして改革・改善への憧憬の源泉とみることもできるように思う。

第５章　子どもの主体性重視。子どもの個性，興味関心，発達段階に応じた教育の重視。他章でも類似の内容に言及がなされている。アメリカには，サドベリー・スクールというオルタナティブ・スクール（一般的な学校とは違う代替学校）がある。そこでは，学ぶことを生徒が決め，先生はいない。カリキュラムも時間割もテストもない。学年もクラス分けもない。生徒たちは好きなことを好きなようにやる。生徒主体の学びを補助する大人たちはいるが，あくまでスタッフやアドバイザーであり，主人公は生徒たちである。生徒と大人は対等な立場で学校運営について話し合う。もちろん，それが自分に合うという生徒だけが選んで入っている学校であって，一般の公立学校とはまるで違う。ただ，学校との関係でいえば生徒は主体的ではあるのだろうが，親・保護者との関係でいえばどうだろう。親が薦めもしないのにこのような学校を自ら主体的に探しだし，ぜひそこに行きたいと親を説得して入学するのかどうか。そこには相当な，親の影響力の強さ，もしかしたら親への従属性が見て取れるかもしれない。授業料も高額であり，このような「主体的な」教育を受けるにはそれなりの財力を必要とする。西洋医学に対する東洋医学，あるいは従来の治療方法とは異なる療法がオルタナティブ・メディスン（代替医療）と呼ばれているが，それによる主体性の度合い，費用対効果などと併せて，オルタナティブな教育を考えてみてもおもしろいだろう。

「逆」を見つめよ

第６章　OECD は，「先進国クラブ」などと称されるように，経済発展を成し遂げた国々からなる国際機関である。その OECD の PISA やキー・コンピテンシーが重視されるようになるということは，従来の「国」「国民国家」という単位を超えて，教育に対する国際機関の影響力が高まることを意味する。加えて，経済発展が相対的に遅れている国々の価値観や文化はどうしてもそのコンピテンシーには入らない。異質な集団で交流すること，自律的に活動すること，相互作用的に道具を用いることが，思慮深さを核心として構造化され，自分を中心に据えて省察を繰り返しながら，さまざまな人々と交わり，言葉や情報，各種のツールをリンクさせていく力が期待される。では，これとは「逆」を指向する人たちはどうなるのだろう。異質な集団よりも同質な集団を好む人。自律的に何でも自分でというよりも，むしろ他人にリードしてもらいたい人。次々と出てくる情報通信機器やネットなどを使いたくない人。経済発展や成果を追い求めるのではなく，スローライフを送りたい人。先進国の住人でありつつ，「先進国タイプではない人々」への配慮，そういう人たちのための能力観の形成とそれに基づく教育も今後は期待されるのではないか。

第7章　アクティブ・ラーニングについては，「認知プロセスの外化」をともなうものであることが求められている。授業の最後にコメントや振り返りシートを記入することは，悪くはないだろうが，そのために授業時間が削られてしまうという問題，記入が形骸化するという問題がある。また，国語などで感動的な教材が扱われた場合には，これによって「余韻に浸る」ことが遮断されてしまうおそれもある。「外化」をかたちだけ追い求め，とにかく少人数のグループで意見交換をさせるという陳腐で浅薄な活動が行われる危険性も残る。文化講演会などは，そのほとんどがいわゆる一方通行のもので，その意味では「認知プロセスの外化」を伴ってはいない。ではそれによる学びのレベルが浅いかといえば，そうではあるまい。そもそも学校における学びについては，およその学習内容を事前に知って教室に来ている児童生徒も多く，彼らは「学びを演じている」のではないかという批判があるのだが，アクティブ・ラーニングも，その強制性，権力性を受け容れる従順な者たちが，「偽アクティブ・ラーナー」を演じる可能性がある。

自分に引き寄せて考えよ

第8章　カリキュラムをマネジメントする視点を学生のうちからもとうとすることはよいことである。教科等横断的な視点，学校経営的な視点，人的・物的資源等の活用をぜひ若いうちから意識すべきである。しかし，具体的にはどうすればよいだろう。自分に，どう引き寄せれば，カリキュラム・マネジメントの力が向上していくかを考えてみよう。私は教員志望の学生に，「学校で勤め始めたら，朝早く，教頭先生と同じくらいの時間に学校に行きなさい」と指示している。これ以外のことはあれこれ言わない。教頭先生の朝は早い。それと同じくらいの時間に行けば，自ずと余裕が生まれ，自分の仕事はもちろん，教頭先生がされている学校全体の仕事にも目が向く。まだ他の者が来ていない静かな職員室は，新任教員にとって絶好の学びの空間になる。では，現役の医療・福祉系の学生ならどうだろう。学校は生徒と教員だけで成り立っているわけではない。事務員，清掃員，売店の販売員など，多くの方，業者の方が働いている。学校や病院のマネジメントを意識することは，教員はもちろんだが，それ以外の方々による貢献を認識することでもある。広い意味の学校運営に携わる人への挨拶，ちょっとした会話なら，今日からでも始められる。

第９章　地域社会とは地縁に基づく共同体であり，日本では鎌倉時代後期から形成された。それまでは，血縁や同族性に基づく結びつきが優位であったのが，同じ場所に住んでいることの方に重きが置かれ，コミュニティが作られたわけである。かつては，その地域共同体（ムラ）に生まれ，生活をし，一生をそこで（もしくはその近辺で）過ごすことが一般的であっただろうが，人々の移動性は高まり，転居もめずらしくはなくなった。それだけでなく，住んでいる地域を出て買い物に行く，学校に行く，仕事に行く，病院に行くことも増えてきた。加えて，ネット上にはさまざまなコミュニティが登場し，複数のコミュニティに所属して複数の人間を生きる，といったことがすでに起こっている。所属コミュニティが複数化し，広域化する一方，居住コミュニティは少子高齢化に悩み，存続が危ういものも出てきた。学校は地域とともにあるわけだが，今の公立学校は，縮減しつつある地域の「生命維持装置」として利用されている側面もある。「延命治療」にも似たこの問題を，地域と学校の関係性にみることができる。

第10章　教師の専門職性という問題は厄介である。教師は専門職であってほしいが，教師は専門職といえるのかという疑問もこれまでついて回ってきた。教師には，経験とか勘というものがあるし，それが「経験知」と呼ばれているわけである。似たような概念に，マイケル・ポランニー（Michael Polanyi：1891-1976）の「暗黙知」と「形式知」がある。しかし，省察を繰り返して得た経験知にしても，説明できないが知ってはいるという暗黙知にしても，あるいはその暗黙知を言語的に説明し共有されるかたちにした形式知にしても，それだけでは専門職性を保証してはくれない。医者と弁護士は代表的専門職であるが，有資格者でない者が業として（仕事として）医療行為や弁護士業務を行うことはできない。それは教師も同じなのだが，しかし教師には，塾の講師や家庭教師，各種習い事の先生といった「類似した職業」が多数あり，これらが教師の専門職性を弱めている。加えて，教師は医者や弁護士に比べ数が多いうえに，学習指導，生徒指導，部活動指導など行う仕事が幅広く，限定的で深みのある方向性を指向する専門職とは異なった様相を呈している。

変容する原理に自分を見失うな

プロローグでも書いたが，本書は教育原理をやさしく学ぶための案内をすることをねらって作成されたものである。しかし，教育の原理・原則，思想や哲学は，それ自体が目に見えるものではない。捉えがたく移ろいやすくもある。教育は個人的な行為でもあるが，社会的な取り組みであり，時代の影響も受けやすい。人類の歴史の長さを考えれば，教育の原理は不変ではなく，むしろ，かなりの速さで変容しているとみるべきだろう。

本書のいくつかの章でも扱われ，このエピローグでもふれたアクティブ・ラーニング。主体的・対話的で深い学びを意味するこのアクティブ・ラーニングが近年重視されているということは，それ以前の学びが，相対的にはそれほどアクティブではなく，やや受け身的で深みにも欠けていたとみなされたがためである。しかし，そもそも人はなぜ主体的でなければならないのだろう。

およそ18世紀から始まった近代は，私たち人間に主体的であることを求めた。神や封建的社会を前提としたそれ以前とは異なり，近代は，個人の内面性や心，平等性や日常性などを重視し，個人が自立すること，一人ひとりがしっかりすることを求めた。教育でも，もう一人の自分が自分自身を見つめ，自分で何とかしようとすることに価値が置かれるようになった。

このところ，期待される主体性のレベルはさらに上がり，またその範囲も拡大している。たとえば，医療を受ける患者。以前は，ある人が癌になれば，医者は家族にそのことを伝え，家族は癌であることを隠してその人に接することもあった。それが「優しさ」であった。ところが，患者には自分の病気，病状，治療方法等を知る権利があるということで，本人に直接伝えるようになった。それだけではない。どのような治療を選ぶのか，この病院でよいのか，他の病院でセカンドオピニオンを求めるのか，延命のための医療を望むのか，といったことを基本的には本人が決めなければならなくなってきた。

近年では，自分が死んだ先のことまで生前に決めておくことが期待されてもいる。「終活」を行って身辺整理をし，葬儀方法や墓をどうするかを伝えておくわけだが，まさかこのような時代がこんなにも早く到来するとは思ってもみなかった。その葬儀方法や墓にしても，お坊さんをインターネットで呼ぶとか，墓がマンションの中に，あるいはネット上にあるとか，わずか数十年前には考えもしなかったことが起こっている。生前葬が増えているのも，主体性が拡大したことの一例と捉えられなくもない。

ほかにも主体性を求められることは増えた。電話といえば，かつては黒い固定電話しかなく，選択の余地はなかったが，今では携帯電話会社，機種，契約内容など多くの選択肢から選ばなければならない。カレーライスも，ラーメンも，牛丼も，辛さ，麺の硬さ，つゆの量など，選ぶことができる（選ばなければならない）ものは多い。結婚をする，しない，子供をもつ，もたない，親と同居する，しない，高齢者用の施設に入る，入らない，などもそうである。選択肢の増加は，主体性の拡大と大いに関係している。

しかし，主体性には注意が必要である。人を自律させるための学校が人を学校という制度に閉じ込め学校に依存させるというパラドックスは，病気やケガを治す場であるはずの病院が患者を抱え込み，そこから離さない，患者の側も病院や薬に頼りすぎるという状況に似ている。主体性と客体性，自律と依存はきわめて近いところにある。同様に，保護も度が過ぎれば過保護となり，親切も押し売りをすれば不親切に変わる。配慮も，適切かつ適度に行えば喜ばれるが，そうでなければ，差別的な扱い，人を過小評価しているとみなされかねない。善いことと悪いことは，まさに紙一重なのである。

おそらく今後は，より加速度的に多くのことが変化するだろう。教育の原理もシステムも，すべてが変わるはずだ。そして，変わることを前提にした教育が進み，変わったとしても通用する力，汎用性のある力が重視されていくだろう。そのなかで，変化はしても流されない自分，自分を見失わない自分が求められる。大変でもあり，しかしチャレンジングな時代に私たちはすでに突入しているのである。

（佐々木 司）

人名索引

事項索引

執筆者紹介（執筆順，執筆担当）

佐々木　司（ささき・つかさ，編著者，山口大学教育学部）はしがき，プロローグ，第1章，エピローグ

山口裕毅（やまぐち・ゆうき，兵庫県立大学環境人間学部）第2章

鈴木　宏（すずき・ひろし，上智大学総合人間科学部）第3章

田中直美（たなか・なおみ，南九州大学人間発達学部）第4章

鈴木和正（すずき・かずまさ，常葉大学教育学部）第5章

卜部匡司（うらべ・まさし，広島市立大学国際学部）第6章

熊井将太（くまい・しょうた，編著者，山口大学教育学部）はしがき，第7章

住岡敏弘（すみおか・としひろ，大分大学教育学部）第8章

藤本　駿（ふじもと・しゅん，高松大学発達科学部）第9章

三山　緑（みやま・みどり，名古屋女子大学家政学部）第10章

コラム執筆者（執筆順，執筆担当，所属は執筆時）

河田久美（かわた・くみ，山口県立周防大島高等学校）コラム1

佐々廣子（ささ・ひろこ，山口大学教育学部附属教育実践総合センター）コラム2

中原恵子（なかはら・けいこ，柳井市立柳井中学校）コラム3

松尾　朗（まつお・あきら，学校法人山口コア学園　山口コ・メディカル学院）コラム4

濱中ちえみ（はまなか・ちえみ，元看護師）コラム5

常岡敏行（つねおか・としゆき，下関市立名池小学校）コラム6

重永美津子（しげなが・みつこ，萩市立福栄小中学校）コラム7

三時和久（みとき・かずひさ，山口市立宮野中学校）コラム8

室内文彦（むろうち・ふみひこ，光市立大和中学校）コラム9

茂田幸恵（もだ・さちえ，岩国市立川下小学校）コラム10

やさしく学ぶ教育原理

2018年5月30日　初版第1刷発行　〈検印省略〉
2021年12月25日　初版第2刷発行

定価はカバーに
表示しています

編著者　佐々木　司
　　　　熊井将太

発行者　杉田啓三

印刷者　坂本喜杏

発行所　株式会社　ミネルヴァ書房
607-8494　京都市山科区日ノ岡堤谷町1
電話代表　(075)581-5191
振替口座　01020-0-8076

　冨山房インターナショナル・酒本製本

ISBN 978-4-623-08357-2
Printed in Japan

教師のための教育法規・教育行政入門

――――――古川　治・今西幸蔵・五百住満編著　A５判 264頁　本体 2400円

●「学校」を「教育法規」という視点から捉えたテキスト。法規に加え判例や行政実例も含めて解説、学校現場での指導のあり方や進め方を考える際に役立つ。教員だけでなく、教員を目指す学生や地域教育活動に参加されている方に有用な一冊。

すぐ実践できる情報スキル50 学校図書館を活用して育む基礎力

――――――塩谷京子編著　B５判　212頁　本体 2200円

●小・中学校９年間を見通した各教科等に埋め込まれている情報スキル50を考案。学校図書館を活用することを通して育成したいスキルの内容を，読んで理解し，授業のすすめ方もイメージできる。子どもが主体的に学ぶための現場ですぐに役立つ一冊。

事例で学ぶ学校の安全と事故防止

――――――添田久美子・石井拓児編著　B５判　156頁　本体 2400円

●「事故は起こるもの」と考えるべき。授業中，登下校時，部活の最中，給食で…，児童・生徒が巻き込まれる事故が起こったとき，あなたは――。学校の内外での多様な事故について，何をどのように考えるのか，防止のためのポイントは何か，指導者が配慮すべき点は何か，を具体的にわかりやすく，裁判例も用いながら解説する。学校関係者必携の一冊。